칼 마르크스

차례

Contents

'자유'를 향한 투쟁과 마르크스의 인생관

삶을 지배하는 투쟁의 법칙

1880년 여름, 램즈게이즈 해변에서 미국의 저널리스트 존 스윈턴은 백발의 노인을 만났다. 이따금씩 불어오는 바닷바람에 휘날리는 하얀 수염과 머리, 그리고 얼굴의 여기저기를 가르는 수마의 흔적들은 지난 세월의 풍파와 고뇌, 삶의 깊이를 웅변하고 있었다. 그러나 시원하게 펼쳐진 이마 아래에서 세계를 꿰뚫는 눈빛만은 세월을 비켜 서있는 듯이 보였다. 노인은 몇몇의 아이들과 함께 해변을 거닐거나 나란히 앉아 지평선 너머의 바다를 지긋이 바라보곤 했다. 대지는 평온했지만 뜨거운 태양빛에 달구어진 모래는 한여름의 정열을 쏟아내고 있었으며 주기적으로 모래 위를 미끄러지듯 쇄도해 들어오는 파도소리는 정적을 깨뜨리며 뜨거워진 정열을 식혀주었다. 시간이 흐르고 태양이 서쪽 하늘을 향할 때, 푸른 바다 저편으로는 세상을 향한 마지막 정열처럼 붉게 타오르는 노을이 길게 그림자를 드리웠다. 존 스원턴은 그 노인과의 만남에 대해 다음과 같이 보고했다.

우리는 바닷가에서 잔을 부딪치며 세상, 사람, 시간, 사상에 대해 이야기를 나누었다. 기차를 기다리는 사람은 없었고, 밤은 목전에 다가왔다. 이 시대와 또 다른 모든 시대의 황폐와 이야기들에 대해, 그리고 황혼에 대한 이야기를 생각하다가 나는 존재를 최종적으로 지배하는 법칙이 무엇인가라는 질문을 떠올렸다. 나는 이 현자에게 답을 구하고 싶었다. …… 침묵이 흐르고 나는 이 혁명가이자 철학자에게 다음과 같은 숙명적인 질문을 던졌다.

"무엇입니까?"

잠시 그의 정신이 거꾸로 선 것처럼 보였다. 그는 포효하는 바다와 해변을 불안하게 돌아다니는 수많은 사람들을 물끄러미 바라보고 있었다.

"무엇입니까?"

나는 그렇게 물었고 그는 낮고 엄숙한 목소리로 대답했다.

"투쟁이지!"

처음에는 절망의 메아리를 듣는 것 같았다. 그러나 어쩌면 그것이 삶의 법칙인지도 모른다.

그로부터 3년 후, 1883년 3월 14일 수요일 오후 2시 30분 엥겔스는 2월부터 앓아누운 마르크스를 보기 위해 그의 집을 방문했다. 이층에서 내려오던 하녀 헬라라 데무트는 마르크스가 난롯가 옆의 안락의자에서 "반쯤 잠이 들었다"고 말했다. 엥겔스와 데무트가 다시 올라갔을 때, 마르크스는 2층 서재의 안락의자에 앉아서 이 세상의 모든 짐을 벗은 채 영원한 평온의 잠에 빠져들어 있었다. 인류의 미래를 위한 모든 고뇌와 고독의 사색이 배어 있는, 자신만의 공간이었던 이 서재에서 마르크스는 마지막을 맞이하고 싶었는지도 모른다. 그는 그렇게 '인류의 등불'을 밝히기 위해 평생 싸워야 했던 삶의 마지막을 맞이하고 있었다.

3일 후인 3월 17일, 마르크스는 평생 자신이 가장 사랑했던 아내 예니가 잠들어 있는 런던의 하이게이트 공동묘지에 묻혔다. 장례식은 매우 조촐했다. 둘째딸 라우라와 막내 엘레노어를 비롯하여 폴 라파르그, 샤를르 롱게, 빌헬름 리프크네히트, 프리드리히 레쓰너 등 11명의 조객만이 참여했다. 오늘날의 명성에 비해 너무나 초라했던 이 장례식에서 엥겔스는 자신이 가장 사랑했던 친구이자 혁명의 동지이며 스승이었던 마르크스를 위한 조사를 낭독했다. "인류는 한 영혼을 잃었다. 그것도 오늘날까지 마음속에 소중하게 간직해 오던 중요한 영혼을 말이다. …… 오직 천재와 전문가만이 할 수 있는 조언을 해 줄 혁명의 중심이 사라져 버렸다. …… 그에게는 많은 적들이 있었지만 결코 개인적인 적은 아니었다. 그의 이름은 그의 저작들과 마찬가지로 수백 년이 흘러도 면면히 살아있을 것이다."

엥겔스의 조사는 하나의 예언이었다. 120여 년이 지난 오늘날, 마르크스는 '면면히 살아있다.' 오늘날 그는 단일 작가로서 가장 많은 독자들을 확보하고 있을 뿐만 아니라 정치·사회·문화를 포함하는 모든 영역에서 거장이 되었다. 그만큼 세계를 뒤흔들어 놓은 인물은 없었다. 하지만 그의 일생은 그의 명성에 비해 평탄하지 못했다. 그가 비록 파리꼬뮌과 『자본』을 통해서 살아있을 때부터 어느 정도 알려지기는 했었지만 오늘날과 같은 존경과 권위를 누렸던 것은 아니었다. 오히려 그는 무수히 많은 적들, 그것도 가장 강력한 권력과 부를 소유한 사람들이 보내는 적의와 감시, 탄압 속에서 평생을 보내야 했다. 그의 주위에는 온통 적들로 넘쳐났다. 그는 자신이 태어난 독일에서 추방되어 유럽 곳곳을 유랑해야 했으며 결국 이국인으로서 생애를 마감해야 했다.

마르크스는 오늘날에도 여전히 분란의 대상이다. 그는 한편에서 두려움과 비난의 대상이며 다른 한편에서는 선망과 찬사의 대상이다. 어쩌면 그가 말했던 '투쟁'만큼이나 오늘날 마르크스를 보는 우리들의 생각 또한 '투쟁'의 대상인지도 모른다. 하지만 마르크스가 자신의 삶을 '투쟁' 속에서 살았으며 또 그 투쟁 속에서 자신의 모든 비참하고 곤궁한 삶을 이겨왔다는 것만은 분명하다. 그리고 이런 '투쟁'이 결국 자신의 학문적 결론에 근거한 학자적 양심의 표현이었다는 점도 분명하다. 그는 단 한 번도 거짓과 허구에 대항하는 투쟁으로부터 물러서지 않았다. 어쩌면 그것이 그의 삶을 '무수한 적들'로 둘러싸이게 만들었는지도 모른다. 그러나 그것은 '선각자'로서, 진리를 미리 예감하고 인류의 길을 밝히고자 하는 모든 선지자들이라면 걸어야 하는 길인지도 모른다. 그가 말했듯이 삶은 '투쟁'이며 '투쟁'은 삶 자체이기 때문이다.

인간의 본질로서의 자유와 투쟁

'모든 만물은 변한다.' 그것은 변증법의 기본적인 전제이다. 고대 그리스의 철학자 헤라클레이토스는 모든 만물은 변하며 그 변화를 일으키는 것은 투쟁이라고 말했다. 한 번 발을 담근 물에 우리는 두 번 다시 발을 담글 수 없다. 흐르는 물은 동일해 보이지만 그것은 같은 물이 아니기 때문이다. 세상만물도 이렇게 흐르는 물과 같다. 세상의 모든 사물은 언뜻 보기에 그대로의 모습을 유지하고 있는 것처럼 보이지만, 실제로 그런 것은 아니다. 모든 사물 안에서는 본래의 모습을 지키려는 보존과 늙어 사라질 수밖에 없는 사멸이 서로 싸우고 있기 때문이다. 사멸 없이 '생성'은 없다. 따라서 투쟁은 곧 '죽음'과의 투쟁일 뿐만 아니라 '생성'이며 '삶'이다.

만일 사멸이 없다면, 그래서 투쟁의 과정이 없다면 생성 또한 있을 수 없다. 꽃이 피고 그리고 꽃이 지면 거기에는 반드시 꽃의 사멸을 통해서 형성되는 생성, 즉 씨앗이 만들어진다.

씨앗의 생성은 곧 꽃의 사멸이다. 이윽고 씨앗이 떨어지고 그 씨앗이 사라짐과 더불어 새싹이 자라나고 나무가 된다. 여기서 씨앗은 꽃의 사멸을 통해서, 새로운 새싹은 씨앗의 사멸을 통해서 생성되는 것이다. 그리고 이 생성과 사멸의 과정 안에서 일정한 존재의 형태가 보존된다. 이런 의미에서 마르크스는 '대립물의 통일과 투쟁'이 모든 운동과 변화의 근거라고 보았다. 지상에 존재하는 것 중에 변화하지 않는 것은 없으며, 그렇기 때문에 이러한 '투쟁의 법칙'을 알지 못하면, 어느 누구도 삶을 자기 뜻대로 만들어갈 수 없다.

인간은 법칙을 인식함으로써 자신의 삶을 새롭게 만들어 가는 존재라는 의미에서 동물과 다르다. 동·식물이 주어진 본능에 따라 환경에 적응하며 사는 것에 비해 인간은 주어진 삶의 조건을 숙명처럼 받아들이지 않고, 특정한 욕망과 의지에 따라 스스로 주어진 삶의 조건을 뛰어 넘거나 그것을 바꾸는 투쟁을 전개한다. 그래서 인간들은 매일같이 논쟁을 벌이고 다툰다. '파업'이니 '정쟁'이니, '반란'이니 '혁명'이니 하는 무수한 분란이 끊어지지 않는 것도 이 때문이다.

그러나 바로 이와 같은 인간 사회의 불완전함이 인간의 사회가 개미나 꿀벌의 사회보다 우수한 이유이기도 하다. 인간들에게 사회와 삶이란 개미나 꿀벌처럼 이미 결정된 것이 아니다. 그것은 '숙명'처럼 주어진 것이 아니라는 말이다. 인간에게 동물처럼 결정된 것은 없다. 인간은 삶과 사회 자체를 그스스로 창조하고 만들어 간다. 인간은 '어떤 사회가 정의로운

가?', '나에게 부가되는 규제와 행위가 정당한 것인가?'를 따져 묻는다.

　결정된 것이 없다는 점에서 인간의 본질은 '자유'다. 우리는 제도와 법, 규범을 역사적으로 끊임없이 바꾸어 왔다. 마르크스는 인간의 참된 본질을 실현하고자 했다. 그는 인간의 자유를 구속하고 각각의 참된 가치를 실현하려는 개인들을 방해하거나 억압하는 사회적 제도나 권력에 대항하여 '투쟁'했다. 역사적으로 드러나듯이 인간의 자유를 위한 노력은 '투쟁' 없이 이룩된 적이 없다. 오늘날의 민주주의라는 것도 영국의 명예혁명과 프랑스혁명, 그리고 미국의 독립전쟁을 통해서 이루어졌으며 한국에서도 4.19혁명과 반유신투쟁, 광주민중항쟁, 그리고 6.10민주혁명 등을 통해서 얻어진 것이다. 그래서 민주주의는 '피를 먹고 자라는 나무'라는 이야기도 있는 것이다.

'사회적 관계의 총체'로서의 인간

　마르크스는 모든 만물은 변하며 인간은 그 스스로 세계를 창조하는 존재라는 사실을 가장 철저하게 믿었던 '전사'였다. 그가 가장 좋아했던 사람은 '스파르타쿠스'와 '케플러'였다. 스파르타쿠스는 고대 로마에서 노예제에 대항하여 싸웠던 노예 출신의 전사였으며, 케플러는 관측을 통해 지동설의 근거들을 밝히고 근대 천문학과 자연과학으로의 길을 열었던 사람이다. 마르크스는 그들의 '혁명'적 삶을 사랑했다. 마르크스에게 진정한 인간의 길은 '혁명'과 '창조', 그리고 진정 인간다운 세계의 건설에 있었다. 마르크스는 자주 자녀들과 '고백게임'이라는 것을 즐겼는데 그 중 1860년대 중반에 있었던 한 사례를 통해 우리는 마르크스의 가치관과 인생관을 볼 수 있다.

> 당신의 주요한 특징은: 목적의 단일함.
> 당신이 생각하는 행복이란: 투쟁하는 것.
> 당신이 생각하는 불행이란: 굴복하는 것.
> 당신이 가장 혐오하는 악덕은: 노예근성.
> 당신이 가장 좋아하는 경구는: 인간적인 것 가운데 나와
> 무관한 것은 없다.
> 당신이 가장 좋아하는 좌우명은: 모든 것을 의심해야 한다.

마르크스는 이 세계의 모든 존재들은 연관되어 있기 때문에 '로빈슨 크루소'와 같은 독립적인 개인이 있을 수 있다는 것을 믿지 않았다. 게다가 그는 '나' 자신 또한 '나' 홀로 만들어진 것이 아니라 오직 연관되어 있는 세계 안에서 상호관계 맺음을 통해서 형성된 것이라고 믿었다. 따라서 마르크스는 이 세계에 존재하는 모든 인간들의 삶이 자신과 결코 무관할 수 없다고 믿었다. 변증법에서는 '만물이 연관'되어 있을 뿐만 아니라 '상호침투'한다고 믿는다. 우리 모두는 '태어남' 그 자체부터 특정한 관계의 산물이다. 왜냐하면 부모들이 관계 맺지 않았다면 '나'는 태어날 수 없었기 때문이다. '나'라는 존

재는 이미 관계의 산물이다. 태어난 이후에도 우리는 지속적으로 다양한 관계를 맺는다. 그리고 그 관계 맺음은 서로를 바꾼다. 흔히 사람들은 '부부는 닮는다'고 말한다. 그것은 서로의 모습이 서로에게 침투되었기 때문일 것이다. 문득 자신의 모습 속에서 아버지, 어머니, 친구 그리고 애인의 모습을 발견한 적이 있을 것이다. 그런 의미에서 '관계'를 벗어난 독립적인 개체로서의 개인은 없으며 '순수하게 개별적인 성격'으로서의 '개성'도 사실상 불가능하다.

마르크스는 인간의 본성을 본디 선하다고 보는 성선설이나 본디 악하다고 보는 성악설 모두 잘못된 논쟁이라고 생각한다. 인간의 품성은 자신이 살아가는 삶의 환경과 무관하게 결정된 것이 아니기 때문이다. 오히려 인간의 품성이나 성격은 자신이 맺고 있는 관계와 삶의 조건들 안에서 형성되고 만들어질 뿐이다. 예를 들어 '나'라는 존재는 특정한 관계에 의해 규정된다. 나는 선생이거나 사장일 수도 있으며 회사원이거나 노동자, 또는 학생일 수 있다. 그리고 동시에 나는 가정에서 아버지이거나 어머니, 또는 딸이거나 아들일 수 있다. 이처럼 '나'는 동일하지만, 각 관계에 따라 다른 가치 방식과 행동 양태를 보일 수밖에 없다. 이러한 의미에서 마르크스는 인간이란 '사회적 제관계의 총체'라고 규정하고 있는 것이다.

'나'라는 존재는 내가 맺고 있는 관계들의 '총합'이며 내가 맺고 있는 관계들 안에서 규정된다. '나'는 어떤 것도 규정되거나 결정된 것이 없이 나 스스로 관계를 맺고 나의 삶을 결정한다는 측면에서 본래적으로 자유롭지만, 이미 '나'는 사회적 관계들 안에 있으며 '나'를 일차적으로 규정하는 조건이나 환경 속에서 존재한다. 따라서 인간 개개인의 자유와 가치를 실현하기 위해서는 자신이 맺고 있는 관계로부터 자유로워져야 한다. 다른 말로 하면 인간적인 가치를 실현하기 위해서는 나를 둘러싼 환경이 인간적이어야 한다. 마르크스가 나의 양심이나 도덕적 가치들에 비해 사회적 제도나 정치에 보다 심혈을 기울였던 것도 바로 이와 같은 사회적 조건이 인간 삶의 가치와 자유의 실현에 본질적으로 영향을 미치기 때문이었다.

그런데 오늘날 사회와 국가 체제에 의해 이미 정해진 질서와 규범은 오히려 인간 개개인의 가치를 억압하거나 개인을 국가와 사회의 도구로 전락시키고 있다. 법과 도덕, 제도들은 인간들이 자신들을 위해 만든 것이다. 하지만 오늘날 이런 것들은 오히려 인간 자신은 그것의 노예가 되어 있다. 인간의 가치를 실현하기 위해 만든 사회가 오히려 인간을 속박하고 억압하는 것이다. 따라서 마르크스는 자신의 자유와 가치의 실현을 위해 '투쟁'하지 않는다면 '굴복'과 '복종'에 길들여진 '노예'가 될 수밖에 없다고 생각했으며, 이처럼 사회적 환경이나 국가의 지배체제를 그대로 수용하는 것을 '노예'의 삶으로서 꿀벌이나 개미의 삶과 다를 바 없다고 생각했다. 그가 '투쟁'을 삶을 지배하는 법칙이자 미덕으로 보았던 것 또한 이와 같은 참된 인간의 자유와 가치 실현 때문이었다. 물론 그는 '투쟁'에는 그에 상응하는 희생과 대가를 반드시 필요로 한다는 것을 잘 알고 있었다. 그럼에도 그는 '투쟁'만이 자신의 가치와 자유를 획득할 수 있게 해 주는 유일한 방법이라고 생각했기 때문에 '투쟁'을 '삶의 법칙'으로 받아들였다.

그는 평생 동안 자유로운 인간을 꿈꾸었고, 우리네 삶에서 '인간을 억압하거나 통제하는 것들이 무엇인지'를 찾아내고자 했다. 그가 '가장 좋아하는 일'은 '책에 파묻히는 것'이었는데, 이 또한 단순한 소일거리나 교양을 얻는 데 있지 않았다. 그는 책을 통해 인간의 역사와 지식을 습득함으로써 '왜곡되고 굴절된 의식들'로 포장되어 있는 이데올로기들을 '해체'하고 '비판'하고자 했다. 그리고 더 나아가 '인간다운 사회', '인간 개개인의 가치가 실현되는 사회'를 실현하는 방법과 길을 찾고자 했다. 그러나 책을 읽기 이전에 우선적으로 필요한 자세는 '모든 것을 의심하는 것'이라고 마르크스는 믿었다. 만일 우리가 주어진 것을 그대로 받아들이기만 한다면, 거기에서 비판적 의식과 새로운 창조적 사유가 생겨날 수 없을 것이다. 그렇기에 마르크스는 진리를 향해 가기 위해 반드시 '모든 것을 의심해야 한다'고 믿었으며, 이를 자신의 평생의 좌우명으로 삼았다.

알고 있다고 믿는 사실들에 대한 회의는 새로운 세계와 '참된 진리를 향한 욕구'를 불러일으키는 출발점이다. 오늘날 우리는 지식과 정보의 홍수 속에서 살아간다. 그런데 그것들 중에 과연 진실한 것은 무엇일까? 중세시대의 사람들은 교황청과 신부들의 지배 하에서 '마녀 사냥'을 했다. 우리 또한 얼마

전까지만 해도 1980년 광주에서 간첩들과 폭도들이 반란을 일으켰다고 믿었었다. 하지만 진실은 달랐다. 그들은 마녀도, 간첩과 폭도들도 아니었다. 오늘날 미국의 이라크 침공도 마찬가지가 아닐까? '제시카 일병 구하기'는 미국의 언론과 정부에 의해 조작된 사건이었음에도 불구하고 대부분의 사람들은 여전히 이를 믿고 있다. 정보와 의식의 조작은 오늘날 매체를 통해서 광범위하게 자행되는 일이며, 이를 통해 보드리야르는 오늘날의 사회를 '시뮬라시옹(가상과 상징)'의 시대라고 명명했다.

노래와 옷 등의 상품들이 광고를 통해 만들어지며 때때로 그것에 의해 나의 의식과 무의식이 조작된다. 명품열풍과 과소비, 그리고 메이커를 찾는 욕망은 오늘날 광범위하게 존재하는 대중매체에 의해 우리 안에 심어진 것들이 대부분이며, 그렇기에 오늘날 내가 꿈꾸고 의욕하는 것들이 정말 '내'가 꿈꾸고 의욕하고 있는 것인지조차 알 수 없는 세상이 되었다. 욕망조차 조작되며 누군가에 의해 만들어지는데 하물며 우리가 사실이라고 믿고 있는 것, 참된 가치라고 믿고 있는 것은 더 말할 나위가 없을 것이다. 이런 의미에서 마르크스가 좌우명으로 삼았던 '의심'은 오늘날 '진실'과 '진리'를 찾아가는 길에 있어 출발점이 될 수밖에 없으며, 우리가 자신도 모르게 수용하고 있는 불의와 부당함에 대항하고 진정한 '나'와 인간의 자유를 실현하기 위한 투쟁의 출발점이 될 것이다.

청년 마르크스의 휴머니즘과 프로메테우스의 길

청년 마르크스의 선택

마르크스는 1818년 5월 5일, 독일 남부 트리에르에서 변호사인 하인리히 마르크스와 프레스부르크 출신인 헨리에테 사이의 장남으로 태어났다. 그는 가계 혈통상 유대인이었지만, 프로테스탄트로 개종한 자유주의자였던 아버지의 영향으로 다소간 개방적인 어린 시절을 보낼 수 있었다. 아버지는 자신과 마찬가지로 마르크스가 법학을 공부해서 변호사가 되길 원했다. 하지만 그는 어릴 때부터 종교와 문학, 철학에 심취했으며 점차 법학으로부터 멀어져 갔다. 아버지는 아들이 변해 가는 것을 두려워했는데, 왜냐하면 그는 마르크스가 '뛰어난 자질'을 활용하여 그에 맞는 '사회적 지위'를 성취하길 원했기 때문이다. 즉, 여느 아버지처럼 그 또한 자신의 아들이 세상에 맞서는 '호랑이'보다는 순탄하게 '여우'처럼 살아가길 바랐다. 마르크스가 본 대학에서 베를린 대학으로 전학한 것도 아버지의 뜻에 따른 것이었다. 하지만 아버지의 바람은 결코 이루어지지 못했으며, 당시 마르크스는 이미 '법학'의 테두리를 벗어나고 있었다.

마르크스는 법학에서도 철학적인 질문에 관심을 가졌고, 그래서 한때 법철학에 골몰하기도 했다. 하지만 마르크스에게 진리를 향한 길은 이미 '법학' 안에서 이루어질 수 있는 것이 아니었다. 아마도 이것은 마르크스의 삶에서 첫 번째 '벗어남'이었을 것이다. 그리고 이 '벗어남'은 아버지의 우려대로 순탄하지 못한 삶을 예고하는 신호탄이었다. 마르크스 자신도 이를 예감하고 있었다. 그러나 '법'이 아니라 인류의 행복과 '진리' 자체가 문제시되는 그에게 시련은 명예로운 면류관에 불과했다. 보통 사람들은 '벗어남', '어긋남'을 비난한다. 기존의 제도와 가치를 비판하거나 주어진 '정답'에 회의를 제기하고 새로운 이론을 내세우는 사회의 아웃사이더들을 사람들은 쉽게 수용하지 못한다. 역사적으로 새로운 이론의 주창자들이나 사회 변혁의 길을 걸었던 사람들은 끊임없는 박해나 억압에 시달려야 했다. 그것은 분명 '평탄'하게 사는 길이 아니다. '평탄'하게 사는 것은 일반적으로 인정되고 있는 가치와 제도를 그대로 수용한 채 사는 것이다. '어긋남'에 대한 사람들의 비난이 본질적으로 옳은 것일까? 혹시 그것은 그렇게 살 수 없는 자신을 '변호'하기 위한 공격에 불과할 지도 모르겠다.

마르크스는 이처럼 변호사라는 사회적 지위가 보장되는 미래를 버렸지만, 그의 '벗어남'은 여기서 멈추지 않았다. 그는 다시 '교수직'을 버리는 선택을 감행했다. 마르크스는 1841년 4월 15일 철학박사학위를 받고, 교수가 될 수 있는 기회를 얻었다. 그러나 당시 프로이센의 절대 왕정은 민주주의적이고 혁명적인 사상을 가진 사람들을 교수로 뽑으려 하지 않았다. 이와 맞물려 청년헤겔학파의 일원이었던 브루노 바우어가 대학에서 추방되는 사건이 벌어졌다. 마르크스는 자신의 사상을 포기하거나 아니면 교수가 되는 것을 포기해야 하는 기로에 서게 되었던 것이다. 마르크스는 '교수직' 대신에 자기가 추구해 왔던 인류를 위한 구도의 길을 단호하게 선택했다. 이 선택은 이후 마르크스의 삶을 결정했다. 그로부터 마르크스의 인생에도 '비난'과 '박해' 그리고 '고립'이 뒤따랐던 것이다.

하지만 이 선택은 결코 한 순간의 결단으로 이루어진 것은 아니었다. 마르크스는 이미 어린시절부터 이 길을 준비하고 있었다. 17세에 쓴 프리드리히 빌헬름 김나지움 졸업논문인 「직업 선택을 앞둔 한 젊은이의 성찰」에서 마르크스는 다음과 같이 썼다. "역사는 보편적인 것을 위해 활동하면서 자기 자신만을 고귀하게 여겼던 사람들을 역사에서 가장 해로운 사람이라고 부른다. 이에 반해 세상 사람들은 다수의 사람들을 행복하게 해 주었던 사람을 가장 훌륭한 사람으로 칭송한다!" 아울러 그는 인류를 위해, 사람들이 좀더 인간적으로 살 수 있도록 하는 데에 봉사할 수 있는 직업을 선택하는 자신의 각오에 대해 밝혀두었다.

만일 우리가 많은 사람을 위해 헌신적으로 살아가기로 삶의 방향을 설정한다면 어떠한 시련도 우리를 굴복시킬 수 없을 것이다. 시련이란 그저 다른 사람들을 위한 잠시 동안의 희생에 지나지 않기 때문이다. 시련에도 굴하지 않고 많은 사람들을 위해 헌신적으로 살아간다면, 우리는 사소하고 한정적이며 이기적인 기쁨을 향유하는 데에서 그치지 않고 많은 사람들이 함께 공유하는 행복을 누리게 될 것이다. 그리하여 우리가 죽어도 우리의 삶의 자취는 조용히, 그러나 영원히 살아남을 것이며, 타고남은 재는 고귀한 인간들의 반짝이는 눈물로 적셔질 것이다.

프로메테우스의 길

마르크스가 교수의 길을 접고 대신 선택한 것은 잘못된 제도와 가치, 허위적인 의식들을 가차 없이 폭로하고 비판하는 저널리스트의 길이었다. 1842년 1월, 검열제도를 비판하는 날카로운 글을 『독불연보』에 기고하면서 마르크스는 본격적인 비판 작업에 착수했다. 당시 사람들이 마르크스에 거는 기대는 매우 컸다. 마르크스는 이미 베를린 대학 시절부터 급진적인 비판을 전개했던 청년헤겔학파와 밀접한 관계를 맺었기 때문이었다. 그는 청년헤겔학파 사람들이 모이는 '박사클럽'에서 자주 활동했으며, 그들보다 대략 8살이 어렸지만, 누구 못지않게 토론과 논쟁을 주도했다. 1842년 가을, 마르크스는 약관 24세의 나이에 쾰른에서 창간된 시민적 민주주의를 신봉하는 반정부 기관지인 『라인신문』의 편집장이 되었다. 그것은 나이에 비해 파격적인 일이었지만 그렇다고 놀랄만한 일은 아니었다. 이와 관련하여 모제스 헤스는 친구 베르톨트 아우어바흐에게 다음과 같은 편지를 보냈다.

그는 물건일세. 그는 나에게 엄청나게 강한 인상을 주었지. 간단하게 말해, 현세대 최고의, 또 어쩌면 유일하게 진짜일지도 모르는 철학자를 만날 준비를 하게. …… 마르크스 박사(이것이 나의 우상의 이름일세)는 아직 젊은 사람이라네. 기껏해야 스물 넷 정도일 걸세. 그는 중세의 종교와 철학에 최후의 일격을 가할 걸세. 그는 가장 심오한 철학적 진지함과 가장 신랄한 재치를 겸비한 인물이라네. 루소, 볼테르, 홀바흐, 레싱, 하이네, 헤겔을 합쳐서 - 나란히 늘어놓은 것이 아니라 말 그대로 합쳐 놓은 걸세 - 한 사람을 만든다면, 그게 바로 마르크스 박사가 될 것이라네.

이것은 당시 마르크스를 만난 사람들이 그에게서 받는 일반적인 인상이었다. 따라서 마르크스가 편집장이 되었다는 것은 그리 놀랄만한 일은 아니었다. 하지만 마르크스의 편집장 시절은 그리 오래 가지 못했다. 1843년 4월 1일 프로이센 정부는 마르크스가 편집장으로 있는 『라인신문』을 강제로 폐간시켰다. 마르크스는 신문에 대한 정부의 간섭에 항의하는 표시로 "본 서명인은 정부의 검열로 인해 『라인신문』 편집부에서 오늘 자로 사직했음을 알림"이라는 공고문을 3월 18일자 신문에 공식 게재했다. 정부의 강제 폐간 조치를 조롱하는 당시의 만평에 나온 그림에서 마르크스는 '프로메테우스'로 형상화되었다. 이 그림을 보면 마르크스는 프로메테우스처럼 인쇄기에 묶여 있으며 마르크스의 가슴을 쫓는 독수리는 프로이센의 군주를 나타내는 왕관을 쓰고 있는데, 이것이 마르크스 자신이 되고자 했던 모습은 아니었을까? 공교롭게도 이미 마르크스는 자신의 박사학위논문 『데모크리토스와 에피쿠로스 자연철학의 차이』에서 모든 철학자는 진정한 철학을 고백하는 한에 있어서 프로메테우스를 신봉해야 한다고 선언했었다.

세계를 정복하려는 절대적으로 자유로운 심장에서 단 한 방울의 피라도 고동치는 한, 철학은 에피쿠로스와 함께 반대자들에게 다음과 같이 계속해서 외칠 것이다. 철학은 그것을 비밀로 하지 않는다.

프로메테우스의 고백: "단적으로 말해서 나는 모든 신들의 무리를 증오한다."

이것은 최고의 신성으로서의 인간의 자기의식을 인정하

지 않는 천상과 지상의 모든 신들에 대한 철학 자신의 고백이며 선언이다. 어떤 것도 그것과 나란히 존재할 수 없다. 명백히 약화된 철학의 시민적 지위를 기뻐하는 3월의 토끼들에게 그것은 프로메테우스가 신들의 심부름꾼인 헤르메스에게 답했던 것처럼 이렇게 답할 것이다. "당신에게 강제되어 있는 나의 불행한 상황을 바꾸지 않겠다. 분명히 들어라! 결코 바꾸지 않겠다! 아버지 제우스의 충실한 사환이 되느니 차라리 이 바위의 노예로 살리라!" 프로메테우스는 철학의 달력에서 가장 고귀한 성자이자 순교자이다.

"모든 신들의 무리를 증오한다"는 프로메테우스의 고백은 정확히 마르크스의 고백이다. 마르크스는 '종교를 인민의 아편'이라고 했다. 하지만 이것은 일반적으로 오해되듯이 종교 일반에 대한 강제적인 폐지를 의미하는 것은 아니다. 오히려 그것은 종교가 인간의 자의식과 자유를 억압했음을 폭로한 것이다. 종교는 신의 이름으로 인간의 운명과 목적을 결정하고 인간의 자유를 억압해왔다. 종교에서 인간은 신에 대한 무조건적인 순종과 헌신을 강요받아왔으며, 이를 이용하여 신의 이름을 대행하는 자들은 지배자로서 다수 대중을 억압해왔을 뿐이다. 마르크스는 제우스의 명령에 순종하기를 거부하고 인간을 만들고 인간을 위해 천상의 불을 훔쳐 인간에게 전해주었던 프로메테우스처럼 인간의 자유를 억압하는 모든 체제와 이데올로기에 저항해야 한다고 생각했다. 그렇기 때문에 인간이 자유로워지기 위해서는 무엇보다도 먼저 종교 비판이 이루어져야 하는 것이다. "종교 비판은 모든 비판의 전제이다."

포이에르바하는 『기독교의 본질』에서 종교란 인간의 자연성에 근거한 것으로서, 소외된 형태에 불과하다고 주장했다. 신이란 인간 종족들 사이에 자연적으로 주어져 있는 성(性)에 기초한 사랑이 인간의 의식으로부터 분리되어 자립적 실체로 형상화된 것에 불과하다. '사랑의 하나님'에서 '사랑'은 신이 아니라 인간 자신의 자연적인 성질일 뿐이라는 말이다. 기독교의 본질은 '인간학'이다. 그런데 '사랑'이라는 감성이 하나의 인격적 실체로 자립화되어 절대자로 정립되면서 인간은 오히려 그것의 지배를 받게 되었다. 신의 근거였던 인간이 오히려 '신'에 의해 지배되는 '소외'가 나타나는 것이다. 따라서 소외의 극복은 인간의 '유적 본질'이라는 인간학적 토대로 되돌아가는 것을 통해서만 가능하다고 포이에르바하는 주장했다.

마르크스는 포이에르바하가 신학을 인간학으로, 천상을 지상으로 대체시켰다고 보았다. 그렇기 때문에 그에게 있어 문제는 어떤 종교인가가 아니라 종교는 단지 '인간적인 관계의 소외된 형태'에 불과하다는 사실에 있다. 당시만 해도 마르크스는 포이에르바하의 주장에 따랐다. 마르크스의 휴머니즘은 그가 쓴 김나지움의 졸업논문에서 드러나듯이 괴테를 비롯해 당시에 유행했던 낭만적 휴머니즘에 그 뿌리를 두고 있었다. 마르크스는 자유주의자인 아버지와 그가 다녔던 김나지움의 교장이었던 비텐바흐, 그리고 훗날 장인이 되는 루드비히 폰 베스트팔렌 남작의 영향을 받았다. 그러나 마르크스는 얼마 지나지 않아 포이에르바하의 '종교 비판'을 '종교의 완성'이라 며 비판한다. 포이에르바하는 '사랑'을 인간 자신의 불변적인 자연성이라고 주장함으로써 인간의 감성을 고정적인 실체로 규정하였으며, 따라서 애초 의도했던 '종교비판'과 달리 포이 에르바하는 참사랑의 종교를 실현하자는 주장으로 나아갔던 것이다.

실천적 휴머니즘의 결론, 프롤레타리아

마르크스가 살았던 당시의 독일은 영국과 같은 산업혁명도, 프랑스와 같은 정치혁명도 성취해내지 못한 상태로, 봉건제로 인한 폐해로 고통 받고 있었으며 나라는 분열되어 있었다. 헤 겔은 독일의 통일과 근대화를 '화해의 변증법'이라는 철학적 인 방법으로 해소하려 하였다. 헤겔이 죽은 후 독일의 강단철 학은 헤겔의 절대정신을 신으로 해석하는 노장헤겔학파와 이 를 세속화하고 '비판의 힘'을 통해 역사의 발전을 본 청년헤 겔학파로 분열되었다. '이성적인 것은 현실적이며 현실적인 것은 이성적이다'는 헤겔의 유명한 명제는 양파 모두에게 자 신들을 정당화하는 좌표로 받아들여졌고, 이러한 분열된 상황 속에서 마르크스는 청년헤겔학파의 입장을 지지했다.

그러나 마르크스는 처음부터 '비판'을 통해 역사가 과연 진 보할 수 있는가에 대해 의심했다. '실질적인 힘'을 가진 비판이 되지 못하는 이상, 그 비판은 단순한 비판 이상을 뛰어 넘지 못하기 때문이다. '말'로 하는 비판과 '총칼'을 가지고 하는 비판은 다르다. 게다가 당시를 지배했던 계몽주의적 관념은 독일에서도 예외가 아니었다. 계몽주의는 이성을 발전시킴으로써 역사를 진보시킬 수 있다고 믿었다. 하지만 마르크스는 인간이란 '이성'에 의해 행동하는 것이 아니라 오히려 그가 살아가는 삶의 관계에 의해 지배된다고 생각했다. 이에 따라 마르크스는 두 가지 지점에서 청년헤겔학파와 포이에르바하를 비판하고 '실천적 휴머니즘'으로 나아간다.

첫째로, 비판이 현실적으로 살아가는 사람들의 행동을 조직하는 '실질적인 힘'이 되지 않는 이상, 무기력한 불평불만에 머무를 수밖에 없다는 점이다. 둘째로, 이성을 가지고 비판하는 사람 자신도 그 사회에서 교육받고 형성되어 온 사회적 산물이라는 점이다. 따라서 마르크스는 '비판'이나 '사상 계몽' 그 어떤 것도 과장된 허위의식에 불과하다고 보았다. 대신에 마르크스는 이성적 사유에 근거한 비판이나 계몽이 아니라 그것이 발생하는 연원이자 실현의 기반인 삶의 조건들과 형태들에 주목했으며, 이는 후에 『독일이데올로기』에서 역사유물론으로 정식화된다.

마르크스는 보통 휴머니즘이 가정하는 '인간은 본래 이러이러하다'는 식의 초역사적인 정의를 수용하지 않았다. 그가 보기에 이런 가정은 구체적인 근거가 없는 매우 추상화된 관념에 불과할 뿐이기 때문이다. 개개인들이 처해 있는 상황과

개성을 무시하고 이처럼 인간 일반을 일반화하는 추상화된 개념들이 오히려 인간을 지배하는 사회적 제도나 구조, 그리고 인간들 사이에 나타나는 적대와 지배 관계를 은폐하는 이데올로기로 작동한다고 생각했다. 예를 들어 인간은 본래 사랑을 나누는 존재라는 가정, 또는 인간은 본래 도덕적이라는 가정 따위는 자선을 베풀 수 있는 조건을 가진 재벌과 시혜를 받을 수밖에 없는 상황에 처한 빈민들의 조건을 무시하고 '기부' 행위 그 자체만으로 '도덕'적 행위라는 환상을 만들어내는 것이다. 사람들은 '개처럼 벌어 정승처럼 써야'한다고 말한다. 하지만 가난하여 기부를 하지 못하더라도 자신의 가치와 진실을 지킨 사람이 수단과 방법을 가리지 않고 부를 벌어들인 기부자보다 더 나은 인간임에는 분명하다. 그렇기 때문에 마르크스는 사람들이 살아가는 사회적 배경과 조건을 보지 않고 인간을 일반화하는 사고들을 '관념'적이라고 비판했던 것이다.

마르크스는 인간을 '환경의 동물'이라고 생각했으며, 이 환경이 낳은 모순 그 자체가 인간의 행위와 실천들을 낳는다고 믿었다. 따라서 사회적 구조와 환경을 바꾸어야 한다. 마르크스는 이렇게 사회의 구조와 환경을 바꾸는 변혁행위를 '정치적' 행위라고 보았다. 왜냐하면 사회 일반에 적용되는 가장 예민한 문제들을 다루는 것이 '정치'이기 때문이다. 마르크스에게 있어 '말'로 떠드는 비판으로 인간이 살아가는 삶의 불의와 부정한 상태를 극복할 수 있다고 생각하는 것은 마치 물에 빠진 사람에게 '무게라는 관념'을 버리라고 하는 것과 같다고 보았다. 비판은 정의로운 상태로 되기 위해 행해지는 것이다. 그러나 비판만으로는 결코 이와 같은 상태를 실현시킬 수 없으며, 비판이 실현되기 위해서는 '실천'이 따라야 한다고 마르크스는 보았다. 그렇다면 실천은 어떻게 이루어지는 것인가? 마르크스는 실천이란 관념적인 정의나 도덕적인 마음의 훈련만으로 이루어질 수 있는 것이 아니라고 보았다. 앞에서도 이야기했듯 인간은 생각보다 그가 살아가는 삶의 환경에 의해 지배당한다. 그렇기 때문에 마르크스는 인간 삶의 조건이 어떠한가를 규명하기 위해 사회와 국가, 역사를 분석했던 것이다. 그에게 있어 '실천'은 '마음'이 아니라 그런 부정한 상태를 극복하고자 하는 감정과 의지를 가진 사람들에 의해 이루어지는 것이다.

마르크스는 이런 '실천'적인 의지를 가진 사람들을 프롤레타리아라고 생각했으며, 이들의 조직화에 평생에 바쳤다. 그리고 바로 여기에서 마르크스는 '실천적 휴머니즘'에서 '프롤레타리아의 프로메테우스'로 전환된다. "혁명들은 요컨대 어떤 수동적 요소들, 어떤 물질적 기초를 필요로 한다." "뿌리 깊은 굴레에 얽매여 있는 한 계급", "부당함 그 자체가 그들에게 자행되기 때문에" "자신을 해방시키고" "인간의 완전한 되찾음에 의해서만 자기 자신을 찾을 수 있는" 존재가 해방의 힘이다. 그들은 무산 계급으로 어떤 것도 가지고 있지 않다. 그들은 자본주의 사회를 규정하고 지배하는 '자본'에 의해 가장 억압받는 존재이자 '자본주의 사회'가 지탱되기 위해서는 반드시 있어야 할 뿐만 아니라 끊임없이 더 많아져야 하는 존재들이다. 따라서 마르크스는 인간을 생산의 수단과 도구로, 상품으로, 하나의 사물로 전락시켜 버리는 사회의 가장 모순적이면서 응축적인 억압의 지점에 놓여 있는 프롤레타리아를 통해서만 혁명은 실현될 수 있다는 결론을 내린다.

"프롤레타리아트의 지양 없이 철학은 자기를 실현할 수 없으며 철학의 실현 없이 프롤레타리아트는 자신을 지양할 수 없다." 따라서 그의 휴머니즘은 비판적 휴머니즘이자 실천적 휴머니즘이며 인간이 살아가는 삶의 조건으로부터 실현의 가능성을 추구하는 '현실적 휴머니즘'이다. 청년 시절의 마르크스가 말한 해방 주체로서의 노동자계급은 여전히 '추상'적인 휴머니즘의 틀 안에 있었는데, 왜냐하면 청년 마르크스에게 노동자계급은 '무산자'이기에 모든 다른 인간들을 '무산화' 할 수 있으며, 그럼으로써만 해방될 수 있다고 생각했으며, 생산력의 발전은 생산자들이 행한 노동의 결과이기에 이를 정당하게 되찾아야 한다고 생각했기 때문이다. 그러나 이것은 도덕적인 명령일 뿐 현실적으로 주어진 적대의 구조와 계급투쟁의 양상을 통해서 얻어낸 결론이 아니었다. 마르크스는 이후 『자본』에서 노동자계급이 왜 인간 해방의 주체인지를 밝혀냈는데, 이곳에서 마르크스는 노동자가 자본의 위기를 몸으로 체현하고 있는 계급임과 동시에 자본의 자기 파괴를 통해서 그것을 해결하는 주체로 등장할 수밖에 없는 계급이라는 점을 규명한다.

마르크스의 삶과 고난, 사랑과 우정

가족의 고난과 비극, 그리고 웃음

마르크스의 삶은 망명과 가난, 그리고 병으로 얼룩져 있었다. 그의 고난에 찬 삶은 1843년 『라인신문』 편집장을 물러난 후부터 시작되었다. 1843년 파리로 망명한 이후 그는 6번이나 이주를 한 끝에 영국에 정착하였다. 그의 망명생활에는 항상 불온한 반역자라는 낙인이 찍혀 있었으며, '무국적자'로서 경찰의 감시가 뒤따랐으며, 어느 나라에서도 그를 반기지 않았다. 10월 초 파리로 망명한 이후 아놀드 루게와 함께 『독불연보』를 창간하지만, 실패하고 1845년 2월 스위스 브뤼셀로 추방되었다. 스위스에서는 정치활동을 하지 않겠다는 조건으로 체류를 허가받았으며, 1848년 브뤼셀에서 다시 파리로, 그리고 4월 11일에는 프로이센의 쾰른으로 이주하였는데, 이는 1848~1849년에 전개된 독일혁명에 정치적으로 관여하기 위해서였다. 이곳에서 그는 『신라인신문』을 만들어 혁명을 지원하고 알리는 작업을 했다. 하지만 혁명은 실패로 돌아갔고 마르크스는 1849년 6월 프로이센에서 완전히 추방되었으며 파리를 거쳐 8월 26일 런던에 안착하였다.

망명생활은 프로메테우스에게 주어졌던 형벌만큼이나 가혹한 형벌을 그에게 가했다. 불안전한 망명생활과 가난은 마르크스의 가족을 매우 비참하고 열악한 환경으로 내몰았다. 그들은 36개월 동안 무려 여섯 차례나 이사를 해야 했으며 항상 빚쟁이들이 쫓아다녔다. 그는 주위 사람을 제외하고는 알아볼 수 없는 타고난 악필로 변변한 직장조차 가질 수 없었다. 무국적자에다가 고정적인 수입원이 없었다는 것은 치명적이었다. 옷가지며 구두, 그리고 가구 등 조금이라도 값이 나가는 것이 있으면 전당포에 맡겨야 했으며, 7주 동안 한 푼 없이 살기도 했다. 그나마 위안이 되었던 것은 엥겔스가 보내오는 돈이었다. 아마도 엥겔스의 후원이 없었다면 마르크스는 거리의 부랑자로 삶을 마감했을지도 모른다. 하지만 엥겔스가 보내오는 돈만으로는 여전히 부족했으며, 이로 인해 마르크스 가족은 점점 경제적인 궁핍으로 빠져들었다. 그리고 이것은 마르크스의 자녀들이었던 예니헨(예니)과 라우라, 그리고 에드가에게 잊을 수 없는 '불행을 몰고 오는 먹구름'이 되었다.

1850~1860년대에 마르크스 가족이 겪어야 했던 고통은 일반적인 가정생활에서는 상상할 수 있는 수준을 벗어나 있었다. 영양실조와 나쁜 환경으로 인해 그와 예니 사이에 낳은 6명의 자녀들 중에 3명의 아이가 어린시절에 굶어죽었다. 어려서부터 마르크스 가족의 생계를 위해 닥치는 대로 일을 했던 큰 딸 예니마저 결혼하고 얼마 지나지 않아 죽고 말았기에, 마르크스는 자신의 생전에 4명의 자식의 죽음을 보아야 하는 비극적인 삶을 살아야 했다. 게다가 이러한 어려운 가계 형편은 어려서부터 건강하지 못했던 마르크스를 병마의 구렁텅이로 몰아넣었다. 그는 자주 병을 앓았고 종종 몇 달 동안 저술 작업을 중단하기도 했다. 필생의 역작이었던 『자본』 또한 이러한 처절했던 생존적인 사투 속에서 만들어졌다. 마르크스와 그의 부인 예니는 1850년 11월 19일, 첫아들로 한 살배기 하인리히 귀도를 잃었고, 1852년 4월 14일에는 첫 돌을 갓 넘긴 셋째딸 프란치스카를 잃었다. 그리고 마지막으로 1855년 4월 6일에는 막내아들 에드가마저 잃었다. 귀도를 잃었을 때에 쓴 예니의 편지를 통해 당시의 열악했던 가정 형편 속에서 겪어야만 했던 슬픔과 고통을 엿볼 수 있다.

  불쌍한 우리 아이는 사흘 동안이나 빈사 상태에 빠져 있었습니다. 그 아이는 너무나 많은 고통을 겪었습니다. 이미 영혼을 빼앗긴 작은 육체는 뒤쪽 작은 방에서 평안히 쉬고 있습니다. 가족 모두는 다른 방을 이리저리 서성이다가 밤

이 깊어지면 방바닥에 엎드려 잠을 잤습니다. …… 사랑스
런 우리 아이의 죽음은 우리에게 가장 비참하고 가난한 시
기에 찾아왔습니다. …… 독일인 친구들은 우리에게 도움을
줄 수 없었습니다. …… 나는 두려워 근처에 살고 있던 한
프랑스인 망명자에게 달려갔습니다. 그분은 가끔 우리 집을
찾아오곤 했던 분이었지요 나는 그분에게 내가 처한 참담
한 처지를 고백하였고 도와달라고 애원했습니다. 그러자 그
분은 매우 다정스레 관심을 보이며 내게 선뜻 2파운드를 주
었습니다. 그 돈을 가지고 나는 조그마한 관을 살 수 있었습
니다. 이제 내 가련한 아이는 그곳에서 평안히 잠들어 있습
니다. 세상에 태어났을 때 나의 아이는 요람도 없었습니다.
하지만 이제 그 아이는 마지막이 될 작은 집을 영원히 가질
수 있게 되었습니다.

아마도 인간이라면 견딜 수 없는 고통의 시간들이었을 것
이다. 한편으로 경제적인 궁핍에 대항하여 싸워야 했으며 다
른 한편으로 '공공의 적'으로서, 일상적으로 행해지는 체포와
감시의 눈초리에 대항해 싸워야 했다. 그 속에서 마르크스에
대한 억압과 탄압은 개인의 고통으로 끝나는 것이 아니라 마
르크스 가족 전체의 생존을 위협하고 가족의 단란한 생활을
파멸하는 것으로 이어졌다. '마르크스 박사'라는 사회적인 지
위도 이와 같은 고통으로부터 그의 가족을 구제하지 못했다.
오히려 그것은 마르크스와 그의 가족을 옥죄어 오는 덫이 되

었으며, 이를 통해 마르크스의 삶은 더욱 철저하게 '투쟁'적이 될 수밖에 없었을지도 모른다. 하지만 마르크스의 삶은 애초부터 '개인적인 환경'에 의해 강요된 것이 아니라 그 스스로 선택한 것이었다는 점에서 일반인들이 겪는 '생존투쟁'과는 달랐을 것이다. 인류의 해방이라는 길을 선택했을 때 그는 이미 그 희생까지 선택한 것이었기 때문이다.

이처럼 마르크스의 가족은 빈곤과 망명 생활이 주는 고통에 시달리기는 했지만, 이것을 제외한다면 아주 행복한 가정이었다. 마르크스는 주말이면 아이들과 함께 산책이나 소풍을 갔다. 그들은 세익스피어와 단테, 괴테의 작품들을 낭독하거나 서로에게 별명을 붙여 주는 게임을 즐겼다. 마르크스는 그의 까무잡잡한 얼굴색 때문에 이슬람 원주민인 무어인을 빗댄 모어로, 어머니 예니는 뫼메로, 하녀 헬라라 데무트는 렌헨 또는 님으로, 맏딸 예니는 중국의 황제 추이-추이로, 둘째딸 라우라는 앵무새의 일종인 카카두로, 막내딸 엘레노어는 살갗이 검어서 투시라는 별명을 얻었다. 특히, 마르크스는 아이들에게 그가 좋아하는 「니벨룽겐의 노래」나 호머의 『오딧세이』, 그리고 『돈키호테』와 같은 동화나 역사책을 자주 읽어주었다. 그 중에서도 세익스피어의 작품들은 그가 가장 애용하는 것 중에 하나였다. 둘째딸 라우라의 남편이 된 폴 라파르그는 "그분의 세익스피어에 대한 존경심은 끝이 없었다. 세익스피어 작품들을 꼼꼼하게 연구해서 아주 작은 등장인물까지도 꿰고 있었다. 사실 가족 모두가 영국의 이 위대한 극작가를 숭배했다. 세 딸은 셰익스피어 작품의 많은 부분을 외우고 있었다"
라고 말할 정도로 마르크스의 셰익스피어 사랑은 유난했다.

극심한 가난과 망명생활의 고난 속에서 마르크스 가족을
지켜주었던 것은 이런 식의 낭만과 여유, 그리고 '호쾌한 웃
음'이었을 것이다. 마르크스가 가장 극심한 가난에 시달릴 때
에 그를 자주 찾아 왔던 빌헬름 리프크네히트는 런던에서 마
르크스 가족과 보낸 시간을 다음과 같이 회상하고 있다. "이
죽거리고 있는 불행에 대항할 수 있는 치료제는 단 한 가지밖
에 없다. 그것은 호탕하게 웃는 것이다! …… 우리가 최악의
상태에 빠져 있는 바로 이 순간보다 더 많이 웃을 수 있는 때
는 결코 없을 것이다." 마르크스 가족은 자신들에게 씌어진
'프로메테우스의 형벌'이라는 결코 정당한 것은 아니지만 진
리와 정의를 위한 투쟁의 대가로 치러야 했던 고통을 이와 같
은 '웃음'으로 이겨냈던 것인지도, 어쩌면 그 '웃음' 속에서
현실의 부정함과 부당함을 '초월'하고자 했는지도 모른다. 어
쨌든 마르크스 가족은 '남이 무어라고 하든지 간에 네 갈 길
을 가라.' '희생 없는 인간의 자유를 위한 투쟁은 없다'고 믿
었던 것 같다. 리프크네히트는 그런 마르크스 가족을 사랑했
으며 나중에 마르크스에게 자기가 낳은 아들의 대부가 되어달
라고 요청하기도 했다. 물론 마르크스는 이를 받아들였고 이
후 그의 아들은 독일사회민주노동당의 가장 위대한 혁명가인
칼 리프크네히트가 되었다.

사랑과 배신, 그리고 믿음의 지속

마르크스와 예니의 사랑은 아주 어린 시절부터 시작되었다. 마르크스는 어려서부터 폰 베스트팔렌 집안에 자주 놀러 다녔는데, 남작은 세상과 사물에 대한 호기심을 끊임없이 드러내는 이 소년의 총명함을 사랑했으며, 마르크스 또한 넓은 식견과 예술적 소양을 지니고 있는 미래의 장인과 보내는 시간을 즐거워했다. 남작은 그와 함께 세익스피어나 호머의 글들을 낭송하는 것을 무엇보다 좋아했다. 마르크스를 처음 보았을 때 예니는 아직 어린아이였지만, 점차 그는 그녀의 가슴을 채워가고 있었다. 그러나 그들의 사랑에는 거대한 장벽이 놓여져 있었는데, 마르크스는 유대인인 반면 예니는 남작 가문의 후손이었고 마르크스는 예니에 비해 4살이 어렸을 뿐만 아니라 경제적으로도 무능했다는 것이 그것이었다. 1843년 6월, 그들은 집안에 알리지 않은 채 약혼식을 치렀다. 예니는 공식 약혼자였던 젊은 소위를 걷어차고 약혼을 했으며, 이 사실을 1년 동안 철저하게 비밀에 부쳤다. 그리고 그들은 이로부터 7년이 지난 후에야 결혼에 성공할 수 있었다.

마르크스는 종종 불만에 차서 "약혼녀와 나는 여러 해 동안이나 쓸모없고 진 빠지는 갈등에 휘말려 힘겨운 투쟁을 벌여 왔네"라고 투덜대곤 했다. 하지만 그런 장벽이 오히려 그들의 사랑을 더욱 절실한 것으로 만들었음에는 분명하다. 마르크스는 그의 첫 딸의 이름을 '예니'라고 지을 정도로 그녀를 사랑했다. 그는 지배자들에 대항하는 '반역자'로서 전 유럽을 벌벌 떨게 할 만큼 날카로운 예지를 소유한 박사였지만, 그녀에게 는 언제나 사랑에 목마른 '노예'에 불과했던 것이다. 결혼 후 13년이 되던 어느 날 예니에게 쓴 편지에서 마르크스는 사랑 의 노예가 된 자신을 매우 역설적으로 그려놓았다. "독을 품 은 혀로 나를 중상하는 수많은 적들 가운데 과연 누가 나를 이류 극장의 로맨틱 배우의 연기를 한다고 비난할 수 있겠습 니까? 그러나 그것이 사실입니다. 그 악당들이 재치가 있었다 면 그들은 한쪽에 '생산관계와 사회관계'를 묘사하고 또 한쪽 에는 당신 발아래 무릎 꿇은 내 모습을 묘사해 놓았을 것입니 다. 그리고 그 밑에 이렇게 써 놓았겠지요 '이 그림과 저 그림 을 비교해 보라.'"

예니 또한, "사랑하는 귀여운 칼, 여기 고향에는 희망과 고 통 속에서 살아가는 당신의 애인, 당신의 운명에 전적으로 매 달려 있는 애인이 있다는 사실을 한 순간도 잊지 말아주세요" 라고 말했다. 하지만 사랑은 삶의 고통을 동반하는 법이다. 특 히 혁명가 마르크스와의 사랑은 더욱 그러했다. 그녀는 파리 와 브뤼셀, 그리고 마지막으로 런던에 안착할 때까지 3명의 아이를 낳았는데, 생활고는 출산에도 예외가 될 수 없었으며, 아이를 기르기 위해 예니는 유럽의 친척들을 찾아가기도 했 다. 하지만 그녀의 일생에서 그녀를 가장 고통스럽게 만든 것 은 그 누구도 아닌 마르크스 자신이 저지른 '배신'이었다.

1851년 6월 23일, 평생 동안 마르크스의 집안을 위해 살림을 도맡았던 헬라라 예니가 데려온 하녀 데무트가 헨리 프레드릭 데무트라는 사내아이를 낳았다. 그 아이가 마르크스의 아이라는 것을 이미 알고 있었지만, 엥겔스를 포함하여 심지어는 예니까지도 이 비밀스런 '불륜'을 감추는 작업에 동참하였다. 엥겔스는 그 아이를 자신의 아들이라고 주장했다. 하지만 엥겔스의 유언을 공개한 그의 가정부 루이제 프라이베르거에 의해 사실이 아님이 밝혀졌다. 마르크스의 불륜은 마르크스 가정에서 가장 고통스러웠던 시절인 1850년대에 일어났다. 데무트는 마르크스의 아이들과 집안의 생활 리듬을 챙기고 질서를 지키는 유일한 가장이었다. 마르크스의 불규칙한 생활도 데무트의 통제 앞에서는 어쩔 수 없었다. 마르크스는 사람들과 밤 세워 술을 마시는 것을 즐겼는데, 그럴 때마다 데무트는 "이제 잘 시간입니다"라고 말함으로써 모든 상황을 종결짓곤 했다. 마르크스 집안 전체의 건강과 생활이 데무트의 손 안에 있었으며, 그녀와 마르크스 집안의 관계는 일반적인 주인과 종의 관계를 벗어나 있었다. 마르크스와 데무트의 '불륜'은 당시의 시련과 그들 사이의 관계가 만들어낸 비극이었는지도 모른다. 어찌되었든 그로 인해 마르크스는 예니의 사랑에 깊은 상처를 남겼다. 물론 이 '배신'이 파국을 향하지는 않았다.

배신은 고스란히 예니와 데무트가 짊어져야 할 몫이 되었고 '상처'는 가족 전체의 은폐와 시간의 경과 속에서 아물어 갔다. 마르크스에 비해 인격적으로 성숙했던 예니와 어쨌든 하녀였던 데무트는 변함없이 화목한 생활을 꾸려갔으며 이후에도 그들은 평생을 함께 했다. 헬라라 데무트는 예니와 마르크스가 죽은 이후에도 엥겔스의 집에서 마르크스의 유언을 집행하는 엥겔스의 사무와 일처리를 도왔다. 데무트는 마르크스 집안에서도 엥겔스에게도 단순한 하녀가 아니었다. 그녀는 마르크스 집안의 전통 중에 하나인 '정치적 토론'과 '논의'에 참여했으며, 당에 대해 조언을 할 수 있을 만큼의 정치적 식견을 갖고 있었다. 그렇기 때문에 엥겔스는 1890년 11월 5일, 데무트가 갑작스런 병으로 세상을 떠나자 몹시 슬퍼하며 "당의 업무에 관해 그녀가 해 주던 놀랄 만큼 적절한 조언도 이제 더 이상 들을 수 없게 되어 버렸다네. …… 이제 나는 어떻게 살아야 할지 막막하네"라고 애도했던 것이다.

예니는 1881년 12월 2일, 마르크스보다 먼저 세상을 떠났다. 마지막 3주 동안 이들 부부는 서로를 알아 볼 수 없을 정도로 병마에 시달렸다. 예니는 암을, 마르크스는 기관지염에 늑막염 합병증을 앓고 있었다. "부인의 병은 슬프게도 치료가 불가능"하다는 것을 마르크스는 알고 있었다. 독일 사회민주당이 라이히슈타크에서 12석을 얻었다는 소식을 들을 즈음에 예니는 마지막 생의 자락을 부여잡고 있었다. 마르크스의 '배신'에도 불구하고 예니에게 마르크스는 전부였으며 마르크스도 마찬가지였다. 엥겔스는 예니가 죽자 마르크스도 죽은 것이라고 말했다. 실제로도 예니의 죽음 이후에 마르크스의 건강은 급속도로 악화되었다. 막내딸 엘레노어는 부모의 사별의 순간을 다음과 같이 회상하고 있다. "아버지께서 어머니의 방으로 갈 수 있을 정도로 건강이 회복됐었던 그날의 아침을 잊을 수가 없어요. 그분들은 다시 젊은 날로 돌아갔지요. 둘 다 마치 생애 첫발을 내딛은 것처럼 말이죠. 아버지는 사랑스런 젊은 청년이었어요. 도무지 곧 이별을 고하게 될 병에 찌든 남자와 죽어 가는 늙은 여자 같지 않았어요."

변치 않는 영원한 우정과 정치적 운명

엥겔스는 마르크스보다 2살 아래로, 1820년 11월 28일 독일의 바르멘에서 방적공장을 운영하는 동일한 이름의 아버지, 프리드리히 엥겔스와 아내 엘리자베트 사이에서 장남으로 태어났다. 그의 아버지는 엥겔스가 경영 수업을 받아 사업가가 되길 바랐다. 하지만 엥겔스는 '돈 버는' 일보다 세계를 인간답게 바꾸는 일에 더 몰입하고 있었다. 엥겔스 또한 아버지의 기대와 달리 마르크스처럼 '벗어남'의 길을 걸었던 것이다. 엥겔스는 18살 때부터 『독일을 위한 전신』에 실린 「부퍼탈 통신」에 기고를 하기 시작했다. 이를 통해 엥겔스는 고향 부퍼탈에서 벌어지는 비참한 상황과 공장주들의 위선을 폭로하였다. 마르크스가 24세에 『라인신문』 편집장을 하면서 인간의 삶에 있어서 물질적인 조건들, 경제적 관계들에 눈을 뜨기 시작했다면 엥겔스는 훨씬 이전부터 이 관계에 주목하고 있었던 것이다.

마르크스와 엥겔스의 우정이 '동지'적인 우정이었듯이 그들의 만남 또한 사상적인 차원에서 이루어졌다. 마르크스와 엥겔스가 처음 만난 곳은 1842년 11월, 『라인신문』 편집실에서였다. 당시에 그들은 서로를 잘 알지 못했다. 그 후 1844년 8월 파리 프랑스극장 앞 광장의 카페에서 그들의 만남은 다시 이루어졌다. 마르크스는 26세, 엥겔스는 24세였다. 하지만 그동안 그들은 이미 『독불연보』의 창간호와 폐간호에 나란히 논문을 발표했었고 『전진』에 게재된 논문을 통해서 서로에게 호감을 가지고 있었다. 둘의 관심사와 사상적 입장은 서로를 매우 근접하게 끌어당겼다. 이 날의 만남은 엥겔스가 영국 맨체스터의 생활을 정리하고 고향으로 돌아가는 중에 마르크스를 만나기 위해 파리를 방문함으로써 이루어졌다. 이후 그들은 평생을 항상 함께 했다.

마르크스와 엥겔스는 『신성가족, 혹은 비판적 비판에 대한 비판. 브루노 바우어와 그 일파에 반대하여』를 위한 공동 저작을 시작으로 하여 『독일이데올로기』 『공산당 선언』 등 역사적인 획을 긋는 저작들을 함께 썼다. 게다가 엥겔스는 방적공장 경영을 통해서 번 돈으로 마르크스의 생활고를 책임졌다. 심지어 엥겔스는 마르크스의 기사를 대신 작성해 주기도 했다. 그들은 서로 떨어져 있는 동안에도 셀 수 없이 많은 편지를 교환했다. 그 중에 유실되지 않고 현존하는 것만 해도 20년 동안 1,300여 통에 달한다. 그들이 나눈 편지들은 상호간에 정치적이고 사상적인 주제들에 대한 논의의 장이자 서로의 외로움과 어려움을 토로하고 위로하는 친우의 장이기도 했다. 공동저작이 아닌 단일 저작도 결코 개인의 단일저작이라고 할 수 없을 정도로 그들은 끊임없는 토론과 의견 교환을 나누었다.

오늘날 사람들은 마르크스에 비해 엥겔스를 과소평가하는 경향이 있다. 하지만 엥겔스는 마르크스보다 개방적이고 번뜩이는 감각과 다방면에 걸친 재능을 지닌 사람이었다. 게다가 인격적으로도 훌륭했다. 『정치경제학 개요』와 『영국노동자계급의 상태』를 써서 정치경제학과 계급투쟁에 대한 마르크스의 관심을 촉발시키고 확장시킨 것도 엥겔스였다. 그는 또한 군사적 전략과 전술에 조예가 깊어 주위에서 '장군'이라는 별칭으로 불리기도 했다. 마르크스는 하지 않았던 군 복무를 엥겔스는 했으며, 더 나아가 1848년 독일혁명시기에는 아우구스트 빌리히의 지휘 하에 편성된 800명의 의용군에 가담하여 실전에 참여하기도 했다. 게다가 언어에도 능통하여 마르크스가 영국에 이주한 후에 처음 2년 동안 마르크스의 글을 영어로 번역하는 일을 도맡았다. 그는 자신의 이름으로 발표한 글 이외에도 정치, 경제, 군사, 외교 등의 문제에 대한 자료와 글들을 마르크스의 이름으로 발표하기도 했다. 대표적으로 『뉴욕 데일리 트리뷴』에 실린 「독일에서의 혁명과 반혁명」이라는 연재도 마르크스의 주요 수입원이었지만 사실은 엥겔스가 쓴 글이었다.

그러나 엥겔스는 마르크스의 이름으로 행해지는 것에 대해 질투하거나 시기하지 않았다. 엥겔스는 '천재'를 알아보고 그것을 받아들일 뿐만 아니라 자신의 자리에서 최선을 다할 수

있는 인격을 지닌 인물이었다. 그는 마르크스를 만난 지 40년
이 지난 1881년에 다음과 같은 글을 남기기도 했다. "어떻게
천재를 질투할 수 있는지 나는 도무지 이해할 수가 없네. 천재
란 아주 특별한 것이기 때문에, 그런 재주가 없는 우리는 처음
부터 그것이 얻을 수 없다는 것을 알 수 있지. 그런 것을 질투
하는 사람은 자신이 엄청나게 속 좁은 사람임을 보여주는 꼴
밖에 안 되네."

　그는 마르크스 사후, 미간행된 『자본』 2권과 3권을 편집하
였고, 오늘날 우리가 보는 『자본』 전체를 완간하였다. 그는 이
일의 역사적 의미를 알고 있었다. "나보다 더 위대한 인물, 칼
마르크스가 뿌린 씨앗이 맺은 열매인 명성과 영예를 내가 차
지해야 하는 것이 나의 운명인가 봅니다. 나는 앞으로 남은 삶
을 온전히 프롤레타리아를 위해 살아감으로써 어쩌면 나중에
는 그런 영예를 받을 자격을 제대로 갖추게 될지도 모른다고
약속할 수 있습니다." 그는 마르크스의 유언을 정리하고 집행
하는 과제조차 자신이 받기에 '영예로운' 일로 생각했다. 그들
의 우정은 '천재를 천재로서 받아들이고 인정할 줄 아는' 엥
겔스의 인격과 재능, 그리고 마르크스의 집요하게 파고드는
'천재다운 기질'이 만나 '큰 산'을 이룬 대표적인 예다. 레닌
이 평했듯이 "두 사람의 관계는 인간의 우정에 대한 고대인들
의 가장 감동적인 전설조차도 그림자 속으로 사라지게" 하는
것이었다. 따라서 오늘날 종종 행해지듯이 이 둘을 나누어 마
르크스 또는 엥겔스 중의 한 사람에게 '업적'의 공과를 돌리

는 것은 정당하지 못하다.

그럼에도 우리가 두 사람을 비교해 본다면 마르크스가 흠집 있는 사랑을 하였고, 다소 귀족적인 삶의 방식을 가졌던 것에 비해 엥겔스는 당시에 주어져 있던 조건을 뛰어넘는 사랑을 했을 뿐만 아니라 '죽음'에 대해서도 매우 초연한 자세를 견지했다고 볼 수 있다. 엥겔스는 맨체스터 섬유 공장에서 일하던 여공이자 아일랜드 해방운동의 지지자였던 매리 번즈와 부부로 살았지만 1863년 1월 7일, 번즈가 죽을 때까지 공식적인 결혼을 하지는 않았다. 왜냐하면 '결혼'을 통해서 엮이는 가부장제적 질서를 거부했기 때문이다. 번즈가 죽자 흥미롭게도 엥겔스는 그의 여동생인 리디아와 결혼하게 되는데, 이는 리디아가 간절히 원했기 때문이었다. 1895년 8월 6일, 엥겔스는 식도암으로 세상을 떠났는데 그의 시신은 유언대로 화장된 다음, 유골단지에 넣어 바다에 던져졌다. 죽음은 "삶의 본질적 동인이며 삶에 대한 반대 개념이므로 …… 삶은 항상 그 미연에서부터 자체 내에 존재하고 있는 필연적 결과, 즉 죽음과 연관지어 생각해야 한다"는 그의 평소 소신에 따른 것이었다.

마르크스의 독창적 사상과 인간 해방

프로메테우스적 실천과 마르크스의 사상

마르크스철학의 '혁명'은 「포이에르바하에 관한 테제」에 발표된 "객관적 진리가 인간의 사유에 들어오는가 그렇지 않는가의 문제는 이론의 문제가 아니라 실천적인 문제"라는 선인에서 시작된다. 이전까지 마르크스는 여전히 추상적이고 관념적인 휴머니즘의 기초 위에서 '무산자계급'의 자기 해방, 무산자계급에 의한 인간해방으로서의 공산주의를 꿈꾸고 있었다. 그러나 이 선언을 통해 그는 철학에서 추구하는 진리의 문제를 '관념적이고 사변적인 문제'가 아니라 오로지 인간 자신의 실천적 행위, 감성적 활동으로서의 '비판적이고 혁명적인 행위'로 규정한다. 그리고 마르크스는 『라인신문』과 『독불연보』에서의 저널리스틱한 경험들을 토대로 인간의 의식과 물질적인 조건의 관계에 대한 연구에 착수한다.

1846년 『독일이데올로기』는 이런 연구의 일차적인 완결을 의미한다. 마르크스와 엥겔스는 주어진 명제나 관념적인 개념으로부터 역사에 대한 연구를 시작하지 않는다. 그는 오히려 '역사가 성립하기 위한 유물론적 전제가 무엇인가'로부터 시작한다. 역사가 성립하기 위해서 인간이 살아있어야 하며 인간이 살아가기 위해서는 생산과 재생산, 즉 물질적인 생산활동과 더불어 생식이 이루어져야 한다. 마르크스는 이로부터 인간의 삶을 규정하는 가장 근본적인 조건은 물질적인 생산과 재생산, 즉 생산을 통해서 맺게 되는 관계라고 주장하게 된다. 마르크스와 엥겔스는 인간의 물질적인 생산에 대한 고찰 없이 '인간의 본성은 ~이다'는 식으로 인간의 본성을 주장하는 것은 관념론에 불과하다는 결론에 도달한다. 따라서 이후 마르크스와 엥겔스는 인간의 물질적인 조건을 형성하고 있는 생산의 여러 형태들을 분석하는 데로 나아갔다.

이 작업은 마르크스에게 다소 고독하고 지루할 뿐만 아니라 장기적이면서 지난한 시련이 되었다. 마르크스는 무려 20여 년에 걸쳐 '정치경제학 비판'이라는 부제가 붙은 『자본』에 대한 연구를 진행시켰지만, 이 작업을 끝내 완수하지 못했다. 그는 단지 1권만을 완성해서 발간했을 뿐 나머지 2권과 3권은 엥겔스의 손에 넘어갔다. 『자본』의 전체 기획만 해도 오늘날

'플랜 논쟁'의 기원이 된, 애초 6개의 장으로 기획된 것이었다. 하지만 이 기획은 여러 차례의 수정과 변경, 그리고 위치 이동을 겪는다. 마르크스는 1850년 가을부터 당시 세계에서 가장 컸던 대영 박물관 도서관을 거의 매일 출근하여 1,500여 권이 넘는 서적과 소책자를 통독했다. 그리고 그 중에서 약 800여 권이 『자본』에 인용되었다. 1859년 드디어 '정치경제학 비판' 1권이 출간되었고 이후 1867년 3월말 오늘날 우리가 알고 있는 마르크스의 역작, 『자본』 1권이 완성되었다.

그러나 그렇다고 마르크스가 글을 쓰거나 도서관에서 책과 씨름을 하는 것만으로 평생을 보낸 것은 아니었다. 그의 연구는 결코 도서관 안으로 한정될 수 없는 특징을 가지고 있었다. 마르크스는 1846년 브뤼셀에서 '공산주의자 통신위원회'를 결성했으며, 1847년 11월에 개최된 공산주의자동맹 2차 회의에 따라 이 조직의 강령으로서 『공산당 선언』을 작성했다. 그리고 1848~1849년 사이에는 독일의 혁명을 위해 『신라인신문』을 만들고 혁명에도 참가하였다. 그 후 1852년 11월, 공산주의자동맹을 해체하고 1864년, 런던에서 제1인터내셔널을 창립하였다. 제1인터내셔널은 새로운 역사의 장을 여는 것이기도 했는데, 마르크스 자신에게도 새로운 미래의 발전 방향을 투쟁 속에서 경험하도록 해주었다. 이후 제1인터내셔널을 기반으로 1869년 아이제나흐에서 독일사회민주주의노동자당의 창립총회가 열렸는데, 이는 오늘날 독일사회민주당의 기원이 된다.

하지만 이론적으로 마르크스에게 매우 중요했던 경험은 1870년 7월에 발발한 독불전쟁과 1871년 3월 18일에 선포된 파리코뮌이었다. 마르크스는 파리코뮌을 통해 이제까지 다소간 관념적이었던 '공산주의 사회'의 건설을 구체화시킬 수 있었다. 물론 이전에도 마르크스는 공산주의의 직접적인 건설이나 이행을 주장하지는 않았다. 그는 자본주의와 공산주의 사이에 다소간 긴 시간의 이행 과정이 필요하다고 생각했으며, 이것을 프롤레타리아독재로 규정했다. 하지만 아직까지 그는 프롤레타리아독재가 어떠한 정치체제와 권력형태를 갖고 있는지에 대해 구체적으로 규정하지는 못했다. 다만 노동자계급이 권력을 장악한 후에 기간사업을 국유화하여 노동자가 전 생산을 직접 통제해야 한다는 생각만을 했을 뿐이다. 하지만 파리코뮌은 노동자들이 직접적으로 의회를 건설하고 이를 통해서 행정권력을 스스로 구성함으로써 생산과 사회 전체를 자치적으로 통치하는 권력의 형태를 보여주었다. 마르크스는 즉각 '파리코뮌'이라는 '혁명의 실패'로부터 얻은 교훈을 통해 사회주의 이론의 정수를 정식화할 수 있었다.

이처럼 마르크스 사상의 핵심은 '유물론'이 아니라 오히려 '실천'에 있었다. 그는 사물이나 사태에 대한 합리적 인식 또는 이성적 인식 자체를 '진리의 토대'로 삼지 않았다. 그는 포이에르바하가 '감성'을 '실천적인 활동'으로, '혁명적인 활동'으로 보지 않는다고 비판했다. 마르크스에게 진리를 인식하는 방식은 언제나 사회와 역사라는 공간과 시간의 한계 안에 놓여져 있다. 왜냐하면 그것이 우리가 삶을 살아가는 토대이며 대지이기 때문이다. 우리의 자유는 바로 우리가 살아가고 있는 이 삶의 토대로부터 행하는 실천을 통해서만 가능하다. 그가 보기에 순수하게 자연적이거나 논리적이거나 이성적인 것은 없다. 오히려 '창조'는 주어진 삶의 모순으로부터 나오는 '의지와 행동을 창출하는 힘', 감성이다. 이에 비해 이성은 이런 힘들과 실천들을 의식적으로 조직하고 보편화하는 체계에 불과한 것이다. 이성은 현실을 '재단'한다. 이성이 살아있기 위해서는 이성 이전에 생명과 삶을 연결해주는 보다 근원적인 토양이 필요하다. 그래서 마르크스는 인간의 실천을 생산하는 이성 이전의 토양, 즉 감성적 활동에 주목했다. 그에게 '푸른 것은 오직 상업에만 해당되며, 어떠한 이론이든 회색'에 불과하다. 이론은 항상 완전, 순수, 고정이라는 환상을 불러일으키지만, 현실은 다양한 형태들의 표출을 보여주며 자신의 의지와 욕망을 투영하는 '실천', 계급투쟁이라고 그는 믿었다. 따라서 그에게 이론은 계급투쟁에 접목되어 있어야 생명력을 가질 수 있는 것이다.

인간의 상품화와 사물화

일반적으로 마르크스의 적대자들은 마르크스가 인간을 물질과 동일시함으로써 인간의 고귀한 정신적 가치를 말살한 천박한 유물론을 주장했다고 비난한다. 하지만 인간을 이기적인 물질적 욕망에 사로잡힌 수인으로, 이해관계에 따라 행동하는 존재로 본 것은 마르크스가 아니라 오히려 그렇게 비난하는 자들, 즉 부르주아 고전경제학과 흡스를 비롯한 근대민주주의의 이론적 선구자였던 사회계약론자들이다. '시장'이 최대의 부를 낳는다고 믿는 '시장만능주의자들'에서부터 '최대다수의 최대 행복'을 주장하는 공리주의까지 그들은 인간을 이기적인 욕망에 따라 행동하는 존재로 본다. 그러나 마르크스는 이를 철저하게 비판하고 자본주의에서의 '자유로운 시장경쟁체제가 어떻게 인간을 상품화와 사물화시키는지'를 폭로한다.

우리는 대부분의 인간들이 재산이나 권력과 같은 물질적인 욕망뿐만 아니라 이보다 더 고귀한 정신적 가치를 추구하는 존재라고 생각한다. 그럼에도 불구하고 현실적으로 사람들은 '정신적 가치' 이전에 '좀 더 나은 조건의 회사에 좀 더 많은 보수'를 받을 수 있기 위해, 즉 '돈'을 더 잘 버는 쪽으로 살아 간다. 왜일까? 마르크스는 우리가 살아가는 사회가 자본주의 사회이기 때문이라고 주장한다.

자본주의는 기본적으로 기계와 같은 생산수단과 원료, 공장을 가지고 있는 자본가와 아무런 생산수단을 가지고 있지 않은 노동자들의 계약에 의해서 생산 활동이 이루어지는 사회이다. 이 사회에서는 생산수단과 자본을 가지고 있는 소수의 자본가와 임금을 받고 자신의 노동력을 파는 다수의 노동자들로 이루어진 생산체제이다. 따라서 다수의 많은 사람들은 먹고 살기 위해서 회사나 공장에 취직을 해서 일을 해야 한다. 그런데 취직할 수 있는 일자리는 전체적으로 부족할 뿐만 아니라 편한 일자리와 좋은 보수의 일자리는 상대적으로 적다. 따라서 사람들은 이 부족한 일자리를 놓고 서로 경쟁할 수밖에 없으며, 결국 자신의 몸값이 높지 않은 이상, 먹고 살기에도 빠듯한 삶을 살아가야 한다. 따라서 자본주의에서 모든 인간은 상품일 수밖에 없으며 그 스스로 상품으로 살아갈 수밖에 없는 것이다.

게다가 기업주의 입장에서 노동자를 고용할 때에는 그 사람의 인격이나 정신적 가치 등을 고려하지는 않는다. 그가 자신의 이익만을 생각하는 이기적이고 타인의 불행을 전혀 고려하지 않는 냉혈한이라고 할지라도 회사의 이익을 보다 많이 안겨 줄 수 있는 사람이라면 기업주는 그 사람의 채용을 마다하지 않을 것이다. 하지만 반대로 아무리 정직하고 타인의 불행을 함께 하고 교양이 있다할지라도 그가 그것 때문에 사업적인 책략과 기법들을 제대로 운용하지 못한다면 기업주는 그를 당장 해고시킬 것이다. 따라서 현실은 소위 자유민주주의자들이 주장하듯이 시장이 자유로운 개인들의 가치 창조와 능력 발휘를 극대화하는 것과는 전혀 다른 결과를 야기한다. 현실에서 살아남고 경쟁력이 있는 사람은 '정직하고 깊이 있는 인간성'을 가진 사람이 아니라 오히려 적절한 편법과 교묘한 속임수, 상업적 책략을 쓰는 사람들이다.

이러한 관점에서 마르크스는 '부르주아 도덕'의 이중성을 적나라하게 폭로한다. 부르주아 도덕에서는 물질적인 풍요에 비해 피폐해진 정신을 개탄하면서 개인의 정신과 양심, 교양을 스스로 개발하고 지켜야 한다는 도덕 교과서적 설교를 늘 어놓곤 한다. 하지만 우리는 현실 세계에서 이러한 덕목들이 지켜지지 않는다는 것을 너무나 잘 알고 있다. 그리고 그와 같은 정신적 가치와 도덕을 설파하는 사람들 대부분이 부와 권력을 가진 지배층이며, 그들이 오히려 정반대의 행동을 일삼는다는 것을 발견하게 된다. '현실'에서 필요한 것은 도덕이 아니라 '임기응변'과 '유연성', '관행'이다. 정치인이 돈을 받으면 정치자금이 되고 사업가가 돈을 주면 '관행'이 되며, 관료가 돈을 받으면 '떡값'이 된다. 자신이 하면 '관행'이고 '임시변통'이지만 남이 하면 '불법'이고 '부당한 편법'이다. 바로 그것이 '부르주아 도덕의 이중성'인 것이다.

이에 비해 마르크스는 오늘날의 물질만능주의, 황금만능주의, 이기주의 그리고 '생존경쟁의 아비규환'을 '개인의 도덕성'이나 '품성', '인격적 결함'에서 나온 것이 아니라고 주장한다. 그는 '도덕'이나 '윤리', '정신적 교양'이라는 덕목을 통해 어떻게 사람들을 속이고 있는지를 '물질적 조건과 관련하여' 간파한 최초의 인물이다. 삶에 지치고 힘들면 우리는 여유를 가질 수 없으며 주위를 돌아볼 수 없다. 우리가 그렇게 살고 싶어서가 아니라 삶이 우리를 그런 상황으로 몰아넣고 있는 것이다. '몸짱 아줌마'로 표현되는 상징 안에서 우리는 여성을 하나의 잘 만들어진 인형 같은 상품으로 만들고 있다. 여성, 나무 하나 풀포기 하나, 심지어 우리가 마시는 물까지 상품이 아닌 것이 없다. 능력 있는 사람은 그가 어떤 가치와 인격을 가진 사람인가와 무관하게 이 사회에서는 대우받고 가치 있는 사람으로 간주된다. 하지만 아무리 주위를 살피고 어려움에 처한 이웃을 돌보는 사람도 그가 가난하고 배운 것이 없으면 '가치 있는' 사람으로 간주되지 않는다.

인간 자신의 가치가 그가 행동하고 추구해 가는 가치에 의해서가 아니라 그가 가진 것들, 학력과 재산, 권력 등에 의해 판단된다. 인간적인 관계보다는 수단적이고 도구적인 관계만이 있다. 물건들의 가치를 유용성으로 평가하듯이 타인들도 우리는 동일하게 유용성으로 평가한다. 인간은 '상품'이며 '사물'이 되는 것이다. 한마디로 인간 자신이 물건이다. 따라서 사람들은 '돈'을 숭상하고 '권력'을 추구하며 '경쟁의 승리자'를 자기 삶의 최대 목표로 추구한다. 이런 측면에서 마르크스는 무엇보다도 '경쟁'과 '생존의 덫'으로 몰아넣는 사회에서 인간 개개인의 가치와 소질이 발휘될 수 있는 사회적 체제로 바꾸어야 한다고 생각했던 것이다.

그렇다고 마르크스가 이와 같은 제도와 체제가 누군가의 음모에 의해, 또는 권력자들의 자의적인 힘에 의해 만들어졌다고 생각한 것은 아니다. 심지어 자본주의 자체도 자본가들이 의도적으로 만든 체제는 아니다. 삶의 조건과 환경은 오랫동안 진행되어 온 인간 자신의 역사적 산물일 뿐이다. 물론 이와 같은 소외론이 생산의 사회체제로까지 확장된 논의를 관찰하기 위해서는 『자본』까지 기다려야 한다. 그러나 이미 1844

년 『경제학 철학 수고』에서 노동의 소외를 가장 먼저 다루고 정식화하고 있다. 마르크스 생전에 이 글이 출판된 적은 없으며 미출판된 글 중에서도 가장 늦게 발견되었다. 이후 이것은 청년기 마르크스와 장년기 마르크스를 나누는 논의들의 기본적인 쟁점이 되었다. 이 글이 발견되기까지 마르크스주의는 장년기 마르크스를 대표하는 『자본』을 통해서 주로 이해되어 왔다. 하지만 『경제학 철학 수고』가 발견되자, 소외론을 통해서 자본주의를 비판하는 새로운 접근이 나타나기도 했다. 프랑크푸르트학파의 논의는 특히 이러한 영향을 많이 받았다.

하지만 소외론을 통해 마르크스를 휴머니즘적으로 이해하는 것은 적절하지 못하다. 왜냐하면 마르크스는 계속해서 자본주의에 대한 연구를 확장시켜 갔으며 이런 연구의 결정판이 『자본』이었기 때문이다. 따라서 양 시기에 마르크스가 지니고 있었던 이론의 깊이가 다를 수밖에 없다. 그러나 그렇다고 알튀세르가 주장하듯이 명백하게 이론적인 단절이 있었던 것도 아니다. 마르크스는 이론적으로 후년에 더 성숙해졌지만 청년 시절에서도 여전히 동일한 문제의식을 가지고 있었다. 예를 들어 '노동소외론'만 하더라도 보다 명료하게 드러나는 것은 『자본』 1편 1장의 상품 물신성 분석이다. 또한 '혁명의 주체로서 프롤레타리아, 그리고 공산주의'도 『자본』과 「고타강령비판」 등을 통해서 보다 명확해졌다. 따라서 마르크스 이론은 장년기를 중심으로 읽되, 청년기와의 대립이 아니라 오히려 청년기의 미완성되고 중단된 문제의식을 확장하는 방식으로 다시 읽어야 한다.

노동의 의미와 소외된 노동

마르크스는 '추상적인 본질'로서의 '인간의 본성'을 믿지 않았지만 적어도 인간이 역사적으로 살아가기 위해서는 사회적으로 노동하는 존재이어야만 한다고 생각했다. 그래서 그는 '사회적 노동'을 인간의 근본적인 특성이라고 생각했다. 특히 '노동'은 인간의 가치를 실현하는 매우 중요한 자기실현 행위라고 생각했다. 하지만 이와 같은 사고방식 또한 마르크스 자신의 독창적인 것은 아니었다. 이미 로크는 사유재산권을 정당화하는 방식으로 이와 같은 노동의 특성을 사용했기 때문이다. 로크는 개인이 어떤 토지를 소유할 수 있는 것은 그가 노동을 통해서 자신의 힘을 거기에 부여했기 때문이라고 생각했다. 물론 여기에서 말하는 노동은 단순한 자기의 목적과 이해가 체현되는 행위로서, 소유를 정당화하는 방식으로 등장한다.

오늘날 우리는 노동을 '고역스럽고 힘든 일이지만 먹고 살기 위해서 하는 행위'라고 생각하는 경향이 강하다. 하지만 노동은 단순히 먹고 살기 위해 하는 일이 아니다. 비록 노동이 일차적으로는 생존을 위한 것이지만, 그럼에도 노동은 마르크스가 말한 '최초의 역사적 행위'를 유발하는 욕구를 통해서 인간 자신의 가치를 실현하는 행위로 발전해 왔다. 노동은 특정한 대상을 자신의 욕망과 의지를 가지고 일정한 목적 하에 자신에게 부합하는 방식으로 대상을 바꾸는 행위이다. 따라서 특정한 대상에 노동이 투영되면 그 대상은 이전과 달리 나에게 특별한 존재, 즉 나의 분신과 같은 느낌을 주는 애착의 대상으로 바뀐다. 예를 들어 공장이나 회사에서 자신이 만든 디자인, 제품들에서, 심지어 초등학교 때 그린 그림과 공작물에서 뿌듯함을 느끼거나 애착을 가지는 것은 노동의 결과물이 자신의 분신이기 때문이다. 이런 의미에서 '노동'은 기본적으로 나의 가치와 능력을 구체적인 대상을 통해서 구현하는 인간의 자기실현 행위이자 인간 본질의 '물질-실천'적 구현 행위이다.

그러나 마르크스가 1844년 『경제학 철학 수고』에서 정확하게 논파했듯이 사적 소유를 근간으로 하는 자본주의 사회에서의 노동은 자기 가치를 실현하는 노동이 아니라 오히려 노동의 소외를 낳는 노동이 된다. 마르크스는 4가지 형태의 노동의 소외를 말하는데, 첫째, 자본주의에서의 노동은 자본가에 의해 고용된 상태로 행해지기 때문에 자신이 만든 물건을 자신이 가질 수 없다. 예를 들어 벤츠를 만드는 공장의 노동자는 벤츠를 타지 못한다('노동 산물로부터의 소외'). 둘째, 노동 활동이 이루어지는 전 과정이 자신의 기획과 의도로 일어나는 것이 아니라 정반대로 경영자의 일방적인 지휘와 통제 하에 일어난다. 따라서 자신의 가치나 목적이 노동 대상물 속에 구현될 수 없다('노동 행위로부터의 소외'). 셋째, 노동자들이 노동을 하면 할수록 회사는 성장하고 기업주의 권력이 확장되는 반면 노동자들은 더욱더 약해지고 가난해진다('유적 본질로부터의 소외'). 넷째, 노동을 통해서 노동자와 자본가의 대립과 갈등은 점차 증폭되고 확대된다('인간으로부터 인간의 소외'). 이렇게 형성된 노동의 소외를 극복하는 길은 오직 자본주의의 생산관계를 혁파하는 길뿐이라고 마르크스는 주장한다. 그러나 이 혁파가 단순한 의지나 자의적인 폭력에 의해 가능한 것이 아니며, 그에 비해 어떤 사회적 조건과 배경들 속에서 어떠한 행위나 실천으로 나타나는지를 규명하고자 했다. 그래서 마르크스는 다시 노동을 통해서 맺게 되는 사회-역사적 관계에 천착해 들어갔다.

천상에서 지상으로, 인간 자신의 역사로서 '역사유물론'

역사에 대한 유물론적 이해를 위한 전제

마르크스는 1845년 「포이에르바하에 관한 테제」와 『독일 이데올로기』에서 '역사유물론'을 정립한다. 여기서 기본적으로 정식화된 원리는 다음의 세 가지이다. 첫째, '사회적 존재가 사회적 의식을 규정한다.' 둘째, '생산력과 생산관계의 모순에 의해 계급투쟁이 일어나고 역사가 발전한다.' 셋째, '생산을 중심으로 맺고 있는 관계가 사회의 토대로서 이 토대가 법, 이데올로기, 국가와 같은 상부구조를 결정한다.' 물론 이와 같은 생각을 완전히 정식화해서 표현한 글은 1859년, 『정치경제학 비판을 위하여』 서문이다. 하지만 그럼에도 불구하고 역사유물론의 기본적인 정식화는『독일이데올로기』에서 최초로 이루어졌다.

마르크스의 다른 많은 글과 마찬가지로『독일이데올로기』의 운명도 이후 그것이 미치는 역사적 영향과 달리 매우 기구했다. 마르크스와 엥겔스는 이 글을 출판하고자 시도했지만 실패했다. 이 글은 마르크스의 정치경제학 연구와 역사철학 전체를 이끄는 가장 큰 틀을 지닌 텍스트지만 당시에는 그들이 말했듯이 '쥐들이 갉아먹게 놔두는' 것에 불과했다. 그럼에도 마르크스와 엥겔스는 이 글이 햇빛을 보지 못한 것에 실망하지 않았으며, 오히려 그들은 이 글에서 자신들의 목적을 이미 달성한 것으로 보았다. 그것은 바로 역사유물론이라는 역사철학적인 방법론을 정식화함으로써 자신들의 사상을 개념화했던 '과학적 사회주의'로의 토대를 놓았기 때문이다.

당시 포이에르바하를 비롯한 브루노 바우어, 슈티르너 등의 청년헤겔학파는 독일의 비참한 상황이 그릇된 의식과 환상, 그리고 전도된 의식으로부터 나온다고 주장했다. 그래서 포이에르바하는 '신'의 본질이 인간학에 있음을, 그리고 브루노 바우어는 비판적 비판주의를 통해서, 슈티르너는 에고(ego)들의 연합을 주장했다. 하지만 마르크스가 보기에 이와 같은 청년헤겔학파의 주장은 현실을 은폐하거나 과장되게 허장성세를 부리는 '관념론'에 불과한 것이었다. 마르크스는 대중들의 비참한 생활상이 '전도된 의식이나 환상'으로부터 나온 것이 아니라 '사회적 관계'로부터 나오는 것이라고 주장한다. '소외'

가 비참한 대중들의 삶을 만들어내고 있는 것이 아니라 역으로 현재의 사회적 관계, 물질적 조건들이 '소외'를 만들어내고 있다는 것이다. 따라서 현재의 상태를 절멸시키기 위해서는 '전도된 의식'에 대한 비판과 가르침이 아니라 오히려 '소외'를 발생시키는 '사회적 관계'를 전복시키는 '실천'이 필요하다고 주장한다. 그리고 이 지점에서 마르크스는 근본적으로 청년헤겔학파와 단절한다. "하늘에서 땅으로 내려오는 독일철학과 반대로 우리는 땅에서 하늘로 올라간다." 즉, 마르크스는 "현실적으로 활동하는 인간들에서 출발하며 또한 그들의 현실적 생활 과정으로부터 이 생활 과정의 이데올로기적 반영들과 반향들의 발전을 표현한다." 따라서 마르크스는 현실적인 역사적 인간 그 자체에 대한 규명으로부터 논의를 시작한다.

인간의 역사를 파악하기 위해서는 다음의 단순한 전제, 즉 "역사를 만들 수 있기 위해서는 인간이 살 수 있어야만 한다는 전제"로부터 출발해야만 한다. 그런데 인간이 살 수 있기 위해서는 먼저 자기 자신의 생명을 유지해야 한다. 그리고 자신의 생명을 유지하기 위해서는 '생산 활동'을 해야 한다. 하지만 이와 같은 '생산 활동'을 통해서 충족된 욕구는 이제 보다 더 나아가 새로운 욕구를 만들어 내는데 마르크스는 이것을 "최초의 역사적 행위"라고 규정한다. 세 번째로 마르크스는 역사가 성립하기 위해서는 종족이 유지되어야 하는데 이와 같은 생식 과정이 부부, 부자관계와 같은 '사회적 관계'의 여러 형태를 만들어낸다고 보았다. 그런데 생산과 생식 과정이 이렇게 사회적 관계와 함께 어울려 들어가면 네 번째 계기가 드러날 수밖에 없다. 그것은 다름 아닌 생명의 생산, 즉 노동 속에서 자기의 삶을 생산하는 것과 생식 속에서 다른 생명을 생산하는 것이 이제 하나의 이중적 관계, 즉 한편으로는 자연과의 관계로, 다른 한편으로는 사회적 관계로 나타나는 생산 양식이다. 이것을 마르크스는 생산력과 생산관계의 통일이라고 규정하는데, 사회적 제반 의식들과 법들, 규범들은 이런 생산을 중심으로 맺게 되는 생산관계 위에 세워진다.

생산력과 생산관계의 모순: 계급투쟁

마르크스는 생산력과 생산관계의 모순이 역사를 발전시킨다고 믿었다. 마르크스에 따르면 생산력의 발전은 생산관계의 변화를 요구하며 생산관계의 변화는 이에 따른 생산력의 발전에 영향을 미친다. 이처럼 생산력과 생산관계는 서로 독립적으로 움직이는 것이 아니라 항상 하나의 통일체로서 '대립물의 통일과 투쟁'을 이루고 있는 것이다. 한 사회의 상부구조는 생산관계에 따라 형성되는 토대 위에 서게 된다. 그리하여 마르크스는 생산관계의 제형태 중에 가장 근본적인 생산관계, 즉 계급관계에 따라 역사상 존재했던 생산형태를 '공산제, 노예제, 봉건제, 자본제'로 구분하였다. 즉, 공산제는 사람의 협동이 곧 생산력이었던 오랜 옛날에 자신들보다 더 강하고 큰 동물들을 사냥하기 위해 공동으로 노동하였던 방식으로부터 생겨났다. 공동으로 작업했기 때문에 생산물은 특정 개인의 소유가 아니라 공동 분배되는 공유물이었다. 이와는 다르게 노예제도, 봉건제도, 자본제도에서는 각각 노예주와 노예, 영주와 농노, 자본가와 노동자라는 관계 맺음을 통해서 생산 활동을 한다.

노예제, 봉건제, 자본제에서는 생산력의 발전이 생산관계와의 충돌을 유발한다. 예를 들어 봉건제에서 생산력의 발전은 자급자족적인 장원 공동체를 무너뜨리는 계기가 되었다. 봉건제에서는 일정한 농토를 점유하고 있는 농노들이 일주일에 절반은 자신의 토지를 경작하고 나머지 절반은 영주의 땅을 경작하는 장원공동체라는 형태를 가지고 있었다. 그런데 생산력이 발전하게 되자 자급자족하고도 남는 생산물이 생겨났으며 이에 장원 공동체들 사이에 남는 생산물을 교환하는 물물교환이 발전하고 화폐와 시장의 발달, 더 나아가 무역의 발전이 이루어졌다. 이렇게 발전한 교역 중심지는 이후 도시가 되었고 상업자본가들과 산업자본가들을 만들어냈다. 따라서 생산력의 발전은 생산관계의 변화를 유발한다. 그러나 이런 관계의 변화는 자연적으로 조정되는 것이 아니다. 여기서 관계의 변화를 유발하는 것은 '계급투쟁'이다. 농노제 말기에 농노들은 장원공동체에서 도망쳐 도시로 숨어들었고 그들이 이후 도시 부르주아와 프롤레타리아가 되었다.

또한, 자본주의 사회에서의 생산력 발전도 생산성의 향상과 더불어 생산관계와 충돌을 일으키고 계급투쟁을 유발한다. 매년마다 봄이면 진행되는 임금협상과 임금투쟁, 그리고 최근

몇 년간 전 세계를 달구고 있는 반-신자유주의 투쟁도 넓게 보면 자본가와 노동자들 사이의 계급투쟁이다. 왜냐하면 자본가들은 발전된 과학기술의 효과를 이윤으로 돌리기 위해 노동자를 해고·정리하는 반면, 노동자들은 노동시간의 단축을 통해 일자리의 창출을 꾀하며, 또한 안정적인 생활을 위해 정규직을 고수하려고 하기 때문이다. 따라서 생산력과 생산관계의 모순은 항상 자본가와 노동자들의 투쟁, 즉 생산의 제형태를 조정하는 데에서의 이해당사자들 간의 투쟁인 계급투쟁으로 드러난다. 이것은 곧 생산자 자신이 생산력과 생산관계의 모순을 응축하고 있는 존재라는 점을 의미한다.

특히 생산 현장에서 일하는 노동자들은 생산의 자동화와 전산화가 어떤 결과를 낳는지 가장 먼저 몸으로 느낄 수 있는 사람들이다. 자동화된 감시 시스템과 유연생산전략은 노동자들의 노동 강도를 강화시키고 더욱 체계적인 감시와 압박을 낳는다. 또한, 생산성의 극대화를 위한 비정규직화나 노동시간의 탄력적 운용은 잔업과 근무 외 수당의 감소와 생계의 악화를 낳는다. 따라서 공장에 고용된 노동자들은 훨씬 강도 높은 노동과 생활고를 몸으로 먼저 느낄 수밖에 없다. 그럼에도 불구하고 광범위한 실업과 비정규직으로 전락하지 않기 위해 노동자들은 심화되는 '경쟁'에 시달려야 한다. 경쟁에서 이겨야만 안정적인 수입을 확보할 수 있기 때문에 '생존'을 둘러싼 경쟁은 처절한 '목숨을 건 투쟁'이 된다. 일류대학과 학점에의 종속, 그리고 취업 전쟁과 실용학문으로의 편중 또한 이와 같은 자본주의의 경쟁 때문에 벌어진 결과물이다.

마르크스는 이 같은 상황을 미리 예견하고 있었다. 그러나 흔히 오해하듯이 마르크스가 생산력과 생산관계라는 구조에 의해 자연발생적으로 역사가 진보한다고 생각한 것은 아니다. 마르크스는 단지 '계급투쟁'을 통해서 역사가 진보하는데 그 계급투쟁을 일으키는 동력이 생산력과 생산관계라는 물질적인 조건의 응축이라고 주장했을 뿐이다. 따라서 계급투쟁 없는 생산력과 생산관계의 모순은 없다. 오히려 생산력과 생산관계는 계급투쟁을 통해서 표현될 뿐이다. 마르크스가 '노동자계급'을 인간 해방의 주체로 설정한 것도 사실은 이 모순의 응축적 담지자가 노동자계급이기 때문이다. 마르크스는 자본주의가 생산력에 있어 생산의 사회화를 가속화시키는 반면 생산관계에서는 여전히 생산수단을 사적으로 소유하고 전유하는 관계를 유지하려 하기 때문에 노동자·민중의 삶이 더욱 피폐해지고 상대적이든 절대적이든 빈곤이 증가할 수밖에 없다고 보았다. 따라서 문제를 근본적으로 해결하기 위해서는 생산의 사회화에 맞추어 생산관계를 사회화하는 것이라고 보았던 것이다. 마르크스가 자본주의의 대안으로 사회주의 또는 '코뮨'을 염두에 두었던 것은 바로 이와 같은 자본주의 생산 양식의 모순 때문이었다.

그러나 마르크스는 이런 부정의한 상황이 '불평등에 대한 자각과 도덕적 양심'으로 해결될 수 있다고 믿지 않았다. 왜냐하면 자본주의적인 삶에 익숙한 사람은 절대 그렇게 생각하지

61

않을 뿐만 아니라 이와 같은 삶의 방식을 '철의 법칙과 같은 숙명'으로 받아들이기 때문이다. 따라서 자본주의 사회를 극복하기 위해서는 자본주의 모순의 접점에서 그 해악을 고스란히 온 몸으로 느끼는 노동자들에 의해서만이 가능하다고 생각하였다. 노동자들은 자본주의가 어떤 방식으로 움직이는 체제이고 어떤 문제들을 낳는지에 대한 인식이 없음에도 불구하고 '행동'에 나선다. 대부분의 노동자들은 '자본주의적 삶'에 익숙하지만, 막상 정리해고가 자신의 작업장에서 실시되면 그는 그것에 저항할 수밖에 없다. 결국 마르크스는 우리가 살고 있는 삶의 조건과 존재 방식이 우리 자신의 행동과 실천을 낳는다고 믿었고 여기서 노동자계급은 투쟁의 선도적인 주체일 뿐만 아니라 생산의 사회화를 사회적으로 전유하고 통치하는 계급이 될 것이라고 보았다. 노동자들은 공장을 벗어나 살 수 없기 때문에, 그리고 공장에서의 집단적인 작업 방식을 몸으로 체득하고 있기 때문에 코뮨적 양식을 이미 체득하고 있는 존재라는 것이다.

경제적 사회구성체론과 과학적 사회주의

일반적으로 마르크스-엥겔스의 사상은 '과학적 사회주의'라고 알려져 있다. 이것은 마르크스와 엥겔스가 기존에 존재했던 '공상적 사회주의'와 자신들의 이론을 구분하기 위해 사용한 개념이었다. 로버트 오웬(Robert Owen), 드 루브르와 생시몽(Saint-Simon, Comte de), 샤를르 푸리에(Charles Fourier) 등에 의해 대표되었던 공상적 사회주의는 현실적 조건이나 생산 내부에 존재하는 화해할 수 없는 계급적대를 보지 않고 공동체를 소수의 이성적인 계몽과 실험, 조직화를 통해서 즉각 만들어낼 수 있다고 믿었다. 그러나 마르크스는 공산주의가 "만들어져야 할 상태나 현실이 지향해야 할 이상"이 아니라 "현실의 상태를 지양하는 현실적 운동"으로 "이 운동의 조건들은 현재 존립하고 있는 전제로부터 생겨난다."고 주장하였다. 따라서 마르크스는 '이상'이나 당위에 따른 운동이 아니라 현실적으로 존재하는 사회의 물질적 조건으로부터 '변혁'의 가능성을 찾는다.

'경제적 사회구성체론'은 인간 삶의 기본적인 규정력을 가진 생산의 사회적 관계, 즉 생산관계를 토대로 하여 상부구조의 제형태들, 법과 도덕, 종교, 과학 등의 이론적이고 이데올로기적 제반 형태들을 파악해 간다. 「정치경제학 비판을 위하여」 서문에서 마르크스는 토대와 상부구조의 관계를 계급투쟁의 파악이라는 관점에서 제출한다. "인간들은 자신들의 생활을 사회적으로 생산하는 가운데, 자신들의 의지로부터 독립되어 있는 일정한 필연적 관계들, 즉 자신들의 물질적 생산력들의 일정한 발전단계에 조응하는 생산관계들 안으로 들어간다." 따라서 마르크스는 "변혁의 시기가 그 시기의 의식으로부터 판단될 수 없으며 오히려 이러한 의식을 물질적 생활의 모순들로부터, 사회적 생산력들과 생산관계들 사이의 현존하는 충돌로부터 설명해야 한다."고 주장한다.

'과학적 사회주의'는 바로 이와 같은 경제적 사회구성체론에 의한 현실의 운동과 현재의 상태, 그리고 사회 변혁의 동력과 방향성을 찾아내고 이를 근거로 하여 '공산주의'를 지향하는 운동을 전개한다는 측면에서 단순한 이념과 계몽적 이성에 근거한 '공상적인 사회주의'와는 다르다. 하지만 여기에 몇 가지 문제가 제기되어 왔다. 일반적으로 사람들은 '경제'를 단순한 재화와 용역의 생산, 그리고 분배와 소비를 지칭하는 것으로 생각한다. 그러나 마르크스에게서 '경제'란 단순한 물품의 생산과 교환, 소비가 아니다. 오히려 마르크스에게 경제란 '생산'을 중심으로 하여 형성되는 사람들의 관계 맺음 그 자체이며 이것에 근거하여 생산과 소비, 교환의 틀이 작동하는 것이다. 따라서 마르크스는 단순히 경제 발전이 역사를 발전시킨다는 '경제주의자'도 아니며 '생산력의 발전'이 유토피아를 낳는다는 '생산력주의자'도 아니다. 그는 사람들이 살아가기 위해 결코 피해 갈 수 없는 것이 있는데, 그것은 '생산'이며 생산 활동을 하기 위해서는 특정한 시기의 사회적 관계 안으로 들어갈 수밖에 없다는 주장을 했을 뿐이다.

예를 들어 우리는 결혼을 하지 않고 살아감으로써 가부장제적 질서를 개인적으로 거부할 수 있으며 환경파괴를 낳는 물질문명의 이기들을 거부하고 산 속으로 들어가 순수한 자연주의자가 될 수도 있다. 하지만 우리가 살아가는 이상, 생산 활동을 하지 않을 수 없으며 이 사회의 생산관계를 벗어나 독자적으로 생산 활동을 할 수 없다. 따라서 생산과 생산관계를 벗어난 특정한 개인의 삶이란 사실상 불가능하다. 비록 공동체 운동을 전개함으로써 그 안에서는 노동과 자본의 관계를 벗어날 수 있지만 외부와의 거래 없이 이 공동체는 존립할 수 없기 때문에 결국 그들 또한 어떤 식으로든 자본주의 생산관계 안으로 들어올 수밖에 없다. 이런 의미에서 마르크스는 생산관계가 모든 개인들의 삶에서 가장 기본적인 토대가 될 수밖에 없다고 보았으며 계급 적대가 모든 다른 사회적 모순들보다도 더 근본적이라고 생각했다.

게다가 이와 같은 경제 활동은 단순한 물품들의 생산과 분배, 유통이 아니라 사회적 권력관계를 함축하고 있는 것이다. 생산자들은 생산을 위해 사회적 관계를 맺기는 하지만 이와 같은 생산관계는 이미 비대칭적인 권력관계를 함축하고 있다. 그러나 고전경제학 또는 자본주의 경제학은 '경제'를 단순한 물품들의 생산과 분배, 유통의 과정으로 보고 '시장'을 그것의 정점으로 간주하는 경향이 있다. 그들은 생산자들 개개인이 자신의 이익을 최대화하기 위해 계산적인 합리성에 근거하여 행동한다고 생각한다. 하지만 개인들은 이미 일정하게 주어져 있는 관계를 벗어날 수 없으며 힘의 불균형과 권력관계를 벗어날 수 없다. 현실적으로 삶을 살아가는 개개인들은 이미 특정한 관계 안에서 권력의 장 내부에 배치된다. 그리고 그 위에 이데올로기적이고 제도적이고 법적인 관계들이 형성된다. 따라서 마르크스는 토대에 조응하는 상부구조의 관련성을 하나의 유기체로서 총체적으로 규명해내야 한다고 생각했다.

여기서 마르크스는 완전히 추상적인 휴머니즘의 틀을 벗어나 오늘날 우리가 알고 있는 과학적 사회주의를 정립한다. 그는 두 가지 결론을 뽑아낸다. 하나는 혁명과 공산주의 건설이 의식 개혁이나 소수의 의지에 의해 계획적으로 만들어질 수 없다는 것이며 다른 하나는 현실의 모순을 혁파해 가는 실천적인 존재는 '이성적인 지식인'이나 '몇몇 혁명가'들이 아니라 현실에서 모순을 겪으며 몸으로 체득하는 존재들에 의해 수행될 수밖에 없다는 것이다. 따라서 그는 1844년 『경제학 철학수고』에서 '소외된 존재'로서 노동자 혁명을 말했다면 이제는 '자본주의의 모순을 몸으로 체득하고 있는 존재'로서의 노동자 혁명을 말한다. 노동자들은 자본주의의 모순을 몸으로 체현하고 있는 존재이다. 아울러 노동자들은 생산의 사회화 경향과 집단적인 노동에 의해 이미 '사회주의적인 삶을 살아가는 공산주의적 존재'이다. 혁명은 이들에 의해 수행될 수밖에 없다. 그들은 물질적 모순 속에서 자본주의를 철폐하는 혁명을 수행할 수밖에 없다. 혁명은 의지나 계획이 아니라 그런 모순의 성숙과 폭발로부터 등장할 수밖에 없다는 것이 마르크스의 결론이다.

정치경제학 비판과 계급투쟁의 이론으로서 '잉여가치론'

아마도 많은 사람들은 마르크스가 계급투쟁을 이야기한 최초의 인물, 그래서 계급투쟁을 선전하는 것은 곧 마르크스와 같은 악마적 선동가들에 의해 이루어지는 '폭동'을 선전하는 것이고 따라서 혁명이란 '유혈이 낭자한' 사회 전체의 전쟁상태라고 생각할 것이다. 그러나 이렇게 광범위하게 유포되어 있는 '비인간적인 냉혈한으로서의 마르크스', '사랑도 우정도 혁명을 위해 도구화하는 혁명가들의 사상으로서 마르크스주의'라는 이미지는 조작된 이미지이다. '계급투쟁'을 처음 발견하고 우리 사회가 이런 '계급투쟁' 속에서 움직인다는 것을 처음 발견한 사람은 마르크스가 아니다. 홉스를 비롯한 근대 초의 사회계약론자들과 아담 스미드와 리카르도를 포함하는 고전경제학자들은 이미 근대 사회가 '개인들 간의 이기적인 전쟁 상태'와 '계급 간의 투쟁'을 낳고 있다는 것을 알고 있었다.

마르크스 또한 이런 계급투쟁, 개인들 간의 이기적 전쟁이라는 사회적 현상을 승인한다. 하지만 마르크스는 이들과 달랐다. 홉스를 비롯한 사회계약론자들은 인간의 '이기적 전쟁상태'를 어쩔 수 없는 인간 자신의 본성이라고 생각했다. 그래서 그들은 사회의 안전과 보존을 위해서는 각 개인들이 서로의 이해를 조금씩 양보하는 '계약'의 형태로서의 정치체제와 경제체제를 세워야 한다고 생각했다. 아담스미드와 리카르도는 '이기적인 개인'들에 의한 경쟁이 사회 전체적으로는 가장 큰 '부'를 낳을 것이라는 가정을 가지고 있었다. 하지만 마르크스가 보기에 이것은 허구적인 지배이데올로기에 불과했다. 왜냐하면 '시장'에서의 계약이란 다름 아닌 권력과 부를 소유한 사람과 그렇지 못한 사람들 사이의 계약이기 때문이다. 즉,

상호 동등한 힘을 지닌 사람들 사이에서 가장 공평한 계약이 체결될 수 있는데 현실은 그렇지 않다는 것이다.

마르크스는 일단 인간의 본성이 '이기적'이라는데 동의하지 않는다. 마르크스가 보기에 인간의 본성은 기본적으로 그가 맺고 있는 사회적 관계 안에서 형성되는 것이다. 따라서 본래 선하거나 악한 것은 없다. 아울러 마르크스는 평등한 '상호계약'이란 공상적인 주장이라고 비판한다. 현실적으로 공장과 기계를 가지고 있는 사장과 고용된 노동자 사이에서 공정한 계약은 불가능하다. 또한 빈부격차가 있는 사회에서 각 개인들 사이에서의 경쟁은 사실상 불평등하다. 예를 들어 천억의 재산을 가진 집안에서 태어난 사람과 빈민의 집안에서 태어난 사람이나 소년소녀가장과 같은 사람이 공정한 경쟁을 할 수는 없다. 그래서 마르크스는 '자유경쟁'적 시장질서는 '형식적'인 기회 균등으로 '실질적'인 불평등을 은폐하는 것이라고 비판한다.

우리는 모두 집안 출신이나 인종적 차이, 성별과 관계없이 '사법고시'에 응시할 수 있는 동일한 기회를 가지고 있다. 그러나 그것은 '형식적'으로 주어진 것일 뿐 실질적인 것이 아니다. 학교만 근근이 다니는 학생과 기천만 원씩 하는 과외를 하는 학생 간의 경쟁은 헤비급과 밴텀급 선수 간의 시합일 뿐이다. 게다가 돈이 없어서 대학을 갈 수 없는 사람, 또는 소질이 있어도 미술과 음악을 배울 수 없는 사람, 병원에서 치료를 제대로 받을 수 없는 사람은 아무리 타고난 재능이 있어도 이를 개발할 수 없다. MBA과정을 밟았다고 경영자가 되는 것은 아니다. 최고경영자는 대부분 그 아버지의 후광을 통해서 획득된다. 따라서 그가 자신의 재능을 발휘할 수 있는가 또는 성공할 수 있는가는 순전히 '우연'에 맡겨진다.

마르크스는 이 우연에 의해 인간의 운명이 결정지어지는 것은 다름 아닌 특정한 계급적인 관계로 생산 활동을 전개할 수밖에 없도록 하는 '생산관계' 때문이라고 생각했다. 자본주의 생산관계는 자본과 임노동 관계로 사람들의 생산 행위를 묶어 세운다. 자본가는 자본을 가진 자로서 단순히 '돈'만 많이 가지고 있는 것이 아니라 사회 안에서 그만큼의 권력과 지위를 소유한다. 흔히 사람들이 말하듯이 '자본주의 사회에서는 돈이 최고'다. 돈을 가진 자들은 '생산현장'에서의 지배뿐만 아니라 사회 전체에서의 권력을 장악한다. 국가권력 또한 이런 자본가들의 권력으로 등장할 수밖에 없다. 국가는 모든 사회 구성원들의 보편적인 이해를 대변하고 자본가와 노동자 사이의 중립적인 중재 기관처럼 자신을 내보이지만 결국 자본가의 손아귀를 벗어날 수 없다. 이런 의미에서 마르크스는 자본주의 생산관계가 단순한 경제적 문제가 아닌 국가 권력을 정점으로 한 지배와 피지배의 관계로, 정치적인 문제로 비화할 수밖에 없다고 생각했다.

마르크스는 당시의 사회주의자들 사이에 광범위하게 유포되어 있었던 소수 엘리트에 의한 혁명과 계몽적 사고, 그리고 계급투쟁이 적대적인 것이 아니라 서로의 공적 이해에 부합할 수 있는 방식으로 화해될 수 있다는 생각을 '공상적'이라고 비판했다. 그 당시 많은 사람들은 여전히 부르주아 혁명 시기에 약속했던 평등과 박애의 정신을 공유하고 있었으며 계몽적인 이성을 믿었다. 마르크스는 리카르도가 고전경제학자들 중에서 가장 날카롭게 계급투쟁을 인식했다고 평한다. 하지만 그 또한 자본주의의 근본적인 모순을 회피하고 있다는 점을 지적한다. 이를 위해 마르크스는 고전경제학이 봉합하거나 은폐하고 있는 문제들로 첫째, 노동의 가치와 노동력의 가치를 구분하지 못했다는 점, 둘째, 가치와 사용가치, 그리고 교환가치 간의 변증법적 발전을 통해 화폐의 등장을 설명하지 못한 점, 셋째, 노동가치론만을 주장했을 뿐 잉여가치론으로 이를 발전시키지 못했다는 점 등을 들고 있다. 그리고 이를 통해 최종적으로 마르크스는 자본주의에서의 자본과 노동 간의 적대가 근본적으로 적대적이라는 점과 '자본이 영구적'이거나 '인류의 마지막 생산양식'인 것이 아니라 오히려 명백한 자기 한계를 가진 생산양식이라는 점을 밝히고자 했다.

마르크스 일생의 역작이었던 『자본』은 이와 같은 마르크스의 생각을 논증한 저작이었다. 마르크스는 「자본과 임노동」, 『자본』에서 자본주의 생산양식은 기본적으로 상품이 전일화된 사회이며 노동자들 또한 상품이라고 주장한다. 노동자는 자신이 가진 특별한 능력이나 재능을 가지고 임금을 받고 자신의 노동력을 판다. 여기서 노동자가 받는 임금은 노동의 대가가 아니라 노동력의 대가이다. 노동자가 파는 것은 '노동'이 아니라 '노동력'이며 '노동력'의 사용가치는 4시간 일을 하고 나머지 4시간의 일을 더 함으로써 보다 많은 가치를 창출한다는 점에 있다. 따라서 마르크스는 노동일을 필요노동과 잉여노동으로 구분하고 잉여노동에서 발생하는 가치 부분을 잉여가치라고 규정한다. 8시간 노동일=4시간의 필요노동(임금)+4시간의 잉여노동(잉여가치).

그리하여 마르크스는 자본주의에 대한 비판으로부터 다음과 같은 사실들을 논증한다. 첫째, 자본의 축적은 근원적으로 노동자의 노동에서 나오는 것으로, 그 비밀은 잉여가치에 있다. 한때, 현대 그룹 총수였던 정주영씨 재산이 4조였다. 4조는 우리가 태어나서 매일같이 1억씩 쓴다고 해도 쓸 수 없는 돈이다. 1억씩 매일 썼을 때조차도, 1년에 365억, 10년에 3,650억, 100년에 3조 6,500억에 불과하다. 쓰는 것도 아니고 스스로 번 재산이 이렇다고 할 때, 그것은 결코 개인의 노력으로만 벌었다고 할 수 없다.

둘째, 잉여가치는 곧 계급투쟁이다. 예를 들어 1억을 투자한 자본가는 1억+α를 만들어낸다. 이때 α의 분배를 둘러싼 자본과 노동 간의 투쟁이 일어날 수밖에 없으며 자본주의가 존속하는 한에 있어서 이 투쟁은 중단될 수 없다. 아울러 자본가의 입장에서는 α를 최대한 크게 하기 위한 투쟁을 전개하는데 이것이 과학기술혁명과 같은 생산력 발전이다.

셋째, 잉여가치는 결국 자본의 가치로 귀속되며 이 부의 축적이 부의 양극화와 더불어 노동자, 민중의 상대적인 빈곤과 절대적인 빈곤을 낳는다. 자본의 초기투자량이 많으면 α의 양이 커지고 노동자들이 열심히 일을 하면 할수록 α의 양이 커지기 때문에 자본의 힘은 더욱 거대해진다. 따라서 오늘날 우리가 삼성과 현대그룹이 가진 힘에서 알 수 있듯이 자본의 권력은 실로 막강하다. 현재 세계 상위 20%의 부유층은 세계 총생산의 86%를 차지하고 있는 반면 하층민 20%는 단지 1%만을 가지고 있다. 세계 3대 부자의 재산은 최빈국 48개국의 국내총생산보다 많으며 200대 부자의 자산은 세계 인구 41%의 소득 합계보다 많다. 또한 하루 1달러로 살아가는 세계 극빈 인구는 약 12억 명이며 선진국 인구의 1/8과 저개발국가의 인구 약 1/3에 해당하는 약 15억 명이 절대적인 빈곤 상태에 놓여 있다.

넷째, 이와 더불어 자본의 모순과 한계도 더욱 전면적으로 떠오른다. 이것은 자본의 한계와 모순의 극점을 보여준다.

마르크스는 이윤과 잉여가치를 구분하는데, 이윤은 전체 자본에 대해 증식된 가치이며 잉여가치는 임금부분, 즉 가치를 증식하는 부분에 대해 증식된 가치이다. 투하자본 1억=5천만 원의 임금(가변자본)+생산원료와 수단들에 투하된 5천만 원(불변자본)으로 구성된 자본의 경우 α가 5천만 원이라고 하면 이윤율은 5천만원(α/1억(총자본)으로 50%인 반면 잉여가치율은 5천만원(α/5천만원(가변자본)으로 100%이다. 그런데 현대의 발달한 자본주의에서 보듯이 임금부분보다는 상대적으로 기계나 공장터와 같은 생산수단에 더 많은 자본이 투하된다. 즉, 이전에 1억=5천만원(가변자본)+5천만원(불변자본)이었던 자본구성은 10억=3억(가변자본)+7억(불변자본)이라는 자본구성으로 바뀐다. 그러면 이전과 동일한 잉여가치율이라고 가정할 때 αε 3억이 된다. 이것을 마르크스는 자본의 구성이 고도화된다고 하는데, 이 결과 이윤율은 5천만원/1억=50%에서 3억/10억=30%로 하락한다. 마르크스는 이것을 이윤율의 경향적 저하법칙이라고 규정한다. 그리고 이를 통해서 자본의 과잉축적에 의한 과잉생산과 과소소비, 공황과 불황의 주기적인 순환 등을 제시한다.

그런데 이와 같은 이윤율의 경향적 저하법칙의 극단은 0%으로의 수렴이라는 경향을 가지는 것이다. 물론 이것은 현실적으로 불가능하며 결코 그날은 오지 않을 것이다. 그러나 그럼에도 불구하고 이윤율의 경향적 저하 법칙은 자본주의의 궁극적 한계치를 보여준다. 따라서 마르크스는 결코 이윤율의 경향적 저하에 의해 자동적으로 자본주의가 파괴될 것이라고 주장하지는 않았지만 자본의 역사적 발전은 끊임없이 자신의 한계를 드러내고 자기 파괴적인 운동을 생성해 낼 것이라고 본다. 자본의 내재적인 순환 법칙, 즉 공황에 의한 폭력적인 자기 파괴는 이런 자본의 한계치가 '폭력'적으로 드러나는 경우이다. 그리고 궁극적으로 자본을 넘어서는 힘과 동력은 자본의 폭력, 즉 공황시기에 전개되는 노동자 해고와 실업율의 증가 등에 의해 배제되는 노동자계급에 의한 계급투쟁이다. 그러므로 마르크스는 자본의 한계가 유발하는 폭력이 대부분 민중들에게 전가되고 그들의 생존권을 파괴한다는 측면에서

'숙명'처럼 이를 받아들이고 사는 것이 아니라 자본주의 사회를 넘어선 사회로의 변혁적 실천을 현실에 대한 객관적인 판단에 근거하여 과학적으로 전개해야 한다고 생각했다.

노동자계급이 열어 놓은 대안사회의 상, '코뮌'

오늘날 우리가 살고 있는 사회는 대부분 자본주의 사회이다. 그런데 이와 같은 자본주의 사회는 기본적으로 개인의 이기성에 근거한 계산과 그에 따른 행위들로 조직된 사회이다. 경제에서 시장경쟁이, 정치에서 '일인일표'와 '다수결 원칙'이 적용된다. 자본주의 사회에서 민주주의 국가는 한 사람이 한 표를 행사하는 선거를 통해서 구성된다. 하지만 이와 같은 선거도 권력관계를 벗어날 수 없다. 선거를 치르기 위해 정당들은 선거자금을 모아야 하는데 정치가들은 기업으로부터 이를 모금한다. 돈을 많이 낸 사람은 당연히 이에 따른 영향력을 행사하며 각종 경제적 특혜를 누린다. 따라서 자본가는 소수이고 일반 노동자와 민중은 다수이지만 항상 정치적인 결정들은 자본가들을 중심으로 움직인다. 게다가 노동자와 민중들은 각종 신문과 텔레비전, 라디오 등에서 자신의 입장을 선전할 수 없는 반면 돈을 가지고 있는 자본가들은 신문사, 방송사의 기업주이거나 광고주로서 영향력을 행사할 수 있으며 심지어 자신의 돈으로 독자적인 선전이나 광고를 할 수 있다. 따라서 경제적인 권력관계는 정치적 권력관계에서도 힘의 불균형과 독점을 낳는다.

뿐만 아니라 물질적인 힘을 가진 자본가는 사회적으로도 권력과 권위를 독점한다. 각종 사회단체나 사회기관들에서 자본가들은 대부분 이사이거나 창립자이다. 학교와 구호단체, 그리고 각종 연구기관들이나 대학에서 자본가들은 돈을 기부하거나 자기 자신이 설립자 또는 이사가 됨으로써 권력을 장악한다. 그들은 세상 사람들이 말하는 '지도층 인사들'이며 다른 사람들보다 훨씬 막강한 영향력을 행사한다. 그러므로 마르크스는 자본가와 임노동자로 구성되어 있는 자본주의 사회에서의 불평등한 관계, 부의 양극화는 정치적으로나 사회적으로도 계속해서 나타날 수밖에 없다고 본다. 그리고 이와 같은 권력화의 최종적인 응축 지점에 국가가 있다. 국가는 모든 사회 구성원들의 보편적인 이해를 '공공의 이익'이라는 관점에서 대변한다고 주장한다. 하지만 국가는 실제로 이와 같은 '공공의 이익'을 대변하지 않는다. '공공의 이익' 또한 자본주의 생산 방식을 선전하는 것으로만 나타난다. 국가는 만성적인 실업과 불안정한 노동에도 불구하고 사람들에게 능력을 키우고 경쟁에서 살아남는 전쟁을 하라고 독촉한다. 따라서 자본주의 사회에서 국가는 다수 민중의 이해를 대변하는 것이 아니라 소수 자본가들의 이해를 대변하는 권력 장치일 뿐이다.

마르크스는 국가를 '특수 이해를 보편이해로 가장한' '부르주아 집행위원회'라고 단정한다. 게다가 국민국가는 민족주의를 부추김으로써 노동자들을 국내적으로 '국가경쟁력'이라는 틀로 묶어세우고 타국의 노동자들과 경쟁하도록 부추긴다. 마르크스는 기본적으로 '민족주의'의 틀을 거부한다. 일반적으로 진보주의자들은 데모크리토스 이래로 '세계주의자들'이었다. 하지만 마르크스는 '세계 보편 이해', 또는 '세계 시민'이라는 관점에서 '세계주의자'가 아니라 오히려 자본에 의해 포획되는 전세계에서 공통의 목표를 같이할 수밖에 없는 노동자들의 '세계주의'를 표방한다. 실제로 1870년 7월 19일 독일과 프랑스 사이에 전쟁이 발발했을 때, 마르크스는 제1인터내셔널 총평의회 명의로 독일 노동자들이 프랑스의 엘자스-로트링엔 지방 합병 계획에 적극적으로 반대하고 '평화'의 원칙에 따라 행동할 것을 요구하였다. 9월 2일 세당에서 나폴레옹 3세가 포로가 된 이후 비스마르크는 잔인한 정복전쟁을 벌였다. 마르크스는 즉각 모든 인터내셔널 회원들이 프랑스 공화국에 대해 지지할 것을 호소하면서 독일노동자들은 군국주의자들의 정복 의도에 대항하라고 호소했다. 하지만 마르크스의 의도와 달리 루이 아돌프 티에르가 주도하는 프랑스 공화국은 엘자스-로트링엔 지방의 양도와 50억 프랑의 전쟁 배상금 지불을 포함하는 강화조약을 체결하였다.

바로 이때 마르크스에게나, 국제 노동자계급 운동에서나 역사적인 사건, 파리코뮌 봉기가 일어났다. 1871년 3월 26일 수많은 군인들이 파리의 노동자들과 함께 봉기를 일으키고 파리 시를 장악하였다. 이들은 직접 선거로 평의회를 구성하고 상비군을 해체하고 '민병대'를 조직하고 여성의 정치, 사회적 평등권을 보장하고 정교 분리 정책을 폈다. 게다가 파리코뮌에서 정부를 구성하는 대표자 회의는 행정부를 직접 구성하는 의회와 행정의 통일적인 정부였으며 각 대표들은 노동자, 민중에 의해 즉각적으로 소환되고 파면될 수 있었다. 마르크스는 처음에 봉기에 대해 시기상조라는 우려를 표명했다. 하지만 봉기와 더불어 파리코뮌 건설이 시작되자 그는 즉각 지지와 연대를 보내고 이 봉기를 지키기 위한 '신속하고도 효과적인' 투쟁을 전개하였다. 제1인터내셔널 총평의회의 지시에 따라 프랑스, 독일, 에스파니아, 벨기에, 네덜란드, 덴마크, 이탈리아, 스위스, 미국 등지에서 연대 시위가 개최되었다. 그러나 역사상 처음으로 시도되었던 노동자국가 건설이라는 모험은 미답의 영역을 개척하는 투쟁으로, 시행착오와 부르주아들의 반혁명에 의해 무너졌다. 티에르 정부는 프로이센에게 수만 명의 전쟁포로를 석방해 달라는 간청을 하고 베르사유 군대를 만든 다음 1871년 4월 초 파리코뮌을 공격하였다. 수만 명의 코뮌 병사들이 학살되거나 포로가 되었다. 5월 28일 페레-라셰즈 공동 묘지에서의 최후 결전 이후 파리코뮌은 약 2달에 걸친 모험에 종지부를 찍어야 했다.

마르크스는 파리코뮌 실패 이후 즉각적으로 코뮌의 실패로부터 교훈을 얻으려 했다. 그는 6월 13일 『프랑스에서의 내전』이라는 글을 런던에서 출판하였다. 여기서 정식화된 마르크스의 이론이 '프롤레타리아 독재론'이다. 마르크스는 기존의 부르주아 국가를 장악하는 것이 노동자들의 목표가 아니라 기존의 부르주아 국가를 철폐하고 새로운 국가 권력, '프롤레타리아 독재'를 세우는 것이 노동자들의 목표가 되어야 한다는 점을 분명히 한다. 마르크스는 이 국가는 기존의 국가와 같이 의회와 행정이 분리되어 있는 국가 체제가 아니며 의회와 행정이 통일된, 민중들의 대표가 곧 행정부를 구성하는 민중권력이 되어야 한다고 보았다. 여기서 각 대표들은 민중들에 의해 직접 민주적으로 선출되며 민중들의 요구에 답변할 의무를 가지고 있을 뿐만 아니라 민중들은 자신의 대표를 즉각적으로 소환하고 파면할 권리를 가지고 있다. 따라서 이들 대표들에 의해 구성된 회의는 오늘날 우리가 생각하는 의회와 다르다. 첫째, 우리는 국회의원을 뽑지만 이후 주민들이 이들을 소환하거나 파면할 권리를 가지고 있지 않다. 그래서 범법 행위가 없는 이상 국회의원은 다음 총선 때까지 직위를 무조건 유지한다. 반면 마르크스가 생각하는 노동자 국가에서 대표들은 즉각적으로 주민에 의해 소환되고 파면될 수 있다. 둘째, 오늘날의 국회는 입법부로서 행정적인 집행 권한이 없다. 하지만 마르크스가 생각하는 대표자회의는 그들 스스로가 행정부를 구성하고 국민들의 의사에 따른 정책들을 집행해 간다. 따라서 마르크스가 생각하는 사회주의 국가는 노동자·민중이 스스로 직접 통치하는 국가이다.

많은 사람들이 오해하듯이 '프롤레타리아 독재'는 민주주의를 부정하는 것처럼 보인다. 하지만 마르크스는 1848년 독일혁명기에 보여주었듯이 그 스스로 혁명적 민주주의를 옹호하고 민주주의를 위한 투쟁을 전개했다. 마르크스가 보기에 '독재'는 '민주주의'와 상반된 개념이 아니다. 오히려 그는 부르주아의 대의제 민주주의가 실질적인 의미에서 '독재'이며 '프롤레타리아 독재'는 실질적인 의미에서의 '민주주의'라고 생각한다. 오늘날의 민주주의의 기본 원칙인 '주권재민'은 오직 선거 때에만 적용된다. 그래서 민주주의의 진짜 주인인 국민들은 선거 때가 아니면 힘이 없다. 국회의원이나 대통령도 일단 당선만 되고 나면 언제 허리 숙여 국민들에게 절을 했는지가 무색할 정도로 안면을 바꾼다. 국민들은 대통령을 탄핵하거나 국회의원을 탄핵할 권한을 가지고 있지 못하다. 대통령의 탄핵권은 국회에 있다. 따라서 정치는 정치꾼들 사이에서만 진행된다. 오늘날 민주주의가 '관객 민주주의'가 되고 '정치적 무관심'이 일반화되는 것도 이와 무관하지 않다. 게다가 정치가들은 자신을 홍보하고 선전하기 위해 돈을 필요로 하며, 정경유착은 필연적이다. 이것은 우리나라뿐만 아니라 미국도 마찬가지이다. 이런 의미에서 마르크스는 의회민주주의를 일종의 대국민 '사기극'이라고 생각했다.

마르크스는 민주주의의 이중적 가면을 벗기고 이를 통렬하게 비판했다. 심지어 사법부에서의 재판과 판결도 부유층과 권력을 피해가지 못한다. 정치가들이 받으면 '정치자금'이지만 공무원이 받으면 '뇌물'이고 대기업은 부채가 500%를 넘어도 망하지 않지만 일반 중소기업은 100%가 넘는 즉시 부도 처리된다. 마르크스가 보기에 현대 민주주의는 '형식적인 민주주의'에 불과한, 위장된 민주주의이다. 사람들에게 누구나 기회는 있으며 동일한 권리를 행사할 수 있는 권한은 주어져 있지만 '실질적'으로 그것을 행사하거나 활용할 수 없는 극빈 자층과 대다수 민중들에게는 한마디로 '그림에 떡'일 수밖에 없다. 따라서 마르크스는 형식적 민주주의가 실질적인 민주주의가 되기 위해서는 국가권력이 노동자·민중에 의해 직접적으로 행사되어야 한다고 믿었다. 즉, 각 지역과 생산 현장, 그리고 각 부문에서 생활하는 사람들이 직접 대표를 뽑고 이 대표들이 국가를 구성해야 한다는 것이다. 게다가 이 대표들은 그것을 선출한 사람들에 의해 언제든지 소환되고 파면될 수 있다. 이런 의미에서 마르크스는 '프롤레타리아 독재'가 실질적인 민주주의라고 생각했다. 하지만 그럼에도 불구하고 마르크스가 '독재'라는 개념을 쓴 것은 노동자·민중들이 직접선출로 국가의 대표체를 구성하기 때문에 '자본가에 대해서는 독재'일 수밖에 없다는 의미에서 사용했던 것이다.

아울러 마르크스는 노동자계급이 중심이 되어 구성한 국가는 실질적 민주주의를 실현하기 위해 대공장과 기간산업, 은행 따위를 국유화해야 한다고 생각하였다. 마르크스는 빈부격차를 해소하고 모든 사람들이 자유롭게 자신의 가치를 실현하는 노동을 할 수 있도록 하기 위해서는 이미 한 개인의 통제를 벗어나 있는 산업들을 사회가 직접 운영해야 한다고 믿었다. 흔히 사적 소유를 폐지한다는 마르크스의 주장은 소유 일반의 폐지를 의미하는 것이 아니다. 마르크스는 생활필수품과

소규모 생산수단에 대한 소유를 인정했다. 하지만 거대기업과 같이 이미 국가가 개입해서 경제 활동을 조절할 수밖에 없는 것들은 한 개인의 소유가 아니라 국가로 조직된 노동자들의 대표에 의해 운영되어 관리되어야 한다고 생각했다. 특히 마르크스는 공장이나 기계와 같은 생산수단에 대한 개인적인 소유가 빈부격차와 함께 경제-정치적 측면에서 지배와 피지배라는 권력을 낳는다고 믿었기 때문에 그는 사회전체가 정치적으로 이를 관리해야 한다고 믿었다. 마르크스는 그러면 국가는 이전과 다른 성격을 가지게 될 것이라고 보았다. 즉, 이전의 국가가 노동자와 민중들을 통치하고 관리하는 것이었다면 노동자계급의 국가는 사회 전체의 총생산량과 총소비량을 계산해서 이를 조절하는 생산자들의 자율적인 공동체가 될 수 있다는 것이다.

마르크스가 보기에 일차적으로 노동자들이 건설하는 사회는 '능력에 따른 노동과 일한 만큼의 분배'를 받는 사회이다. 따라서 여기서의 평등은 '경쟁'과 '능력'을 따르는 부르주아적 평등으로 이것이 실질적으로 구현되는 사회이다. 게다가 이런 사회주의 사회에서는 아직 생산의 사회화가 온전하게 실현된 사회는 아니다. 여전히 국유화와 사회화 사이에 간극이 존재한다. 국유화가 온전하게 사회화되기 위해서는 최종적으로 육체노동과 정신노동의 분업이 폐지되어야 한다. 그래서 마르크스는 공산주의 사회로의 이행 과정을 설정한다. 흔히 '국가소멸론'이라고 알려진 마르크스의 이상은 현실적으로 이런 '이행'과정 없이 있을 수 없다. 마르크스가 보기에 모든 생산자들이 그 스스로 자신의 공장과 지역, 그리고 사회를 온전히 통치할 수 있어야 공산주의 사회는 가능해진다. 따라서 마르크스는 생산자들에 의한 직접통치와 관리가 지속적으로 이루어지고 '정신노동과 육체노동의 분업'이 해소되면 진정한 평등사회가 실현될 것이라고 보았다.

마르크스가 생각한 공산주의 사회는 인간들이 자신의 가치 실현을 위한 노동을 하기 때문에 남보다 더 많이 가지려 하지 않는 사회이며 '능력에 따른 노동과 필요에 따른 분배'가 이루어지는 사회이다. 자신의 욕구와 가치를 실현하는 노동이 행해지는 사회이며 사회의 발전이 곧 자신의 발전이 되는 사회이다. 마르크스는 이것을 공산주의의 높은 단계라고도 한다. 어쨌든 여기서의 원리는 "각자는 능력에 따라! 각자는 필요에 따라!"가 된다. 능력이 부족한 자도, 신체가 불구인 자도, 여성도, 노인도, 어린이도 각자 할 수 있는 만큼 노동하고 필요한 만큼 가져가 자신의 삶을 풍요롭게 가꿀 수 있는 사회, 어떠한 개인도, 어떠한 집단도 한 개인과 한 집단을 구속하고 핍박하는 법이 없는 사회, 그것이 마르크스가 꿈꾼 진정한 사회이다. 그런 의미에서 마르크스는 유토피아를 꿈꾼다. 하지만 마르크스의 유토피아는 현실적인 사람들이 꾸려가는 삶 속에서 실현되는 역사적 유토피아라는 점에서 분명 이전의 공상적 유토피아와 구별되는 현실적 유토피아이다.

마르크스와 그의 적들, 그리고 '비극'

아마도 '진리 앞에서는 스승도 없다'는 말에 가장 잘 들어 맞는 사람은 마르크스일 것이다. '과학적 사회주의'를 정립하고자 했던 마르크스의 투쟁은 타협할 줄 모르는 날카롭고 매서운 논객으로서의 인상을 심어주었다. 그는 주어진 문제에 대해 한 치의 타협도, 물러섬도 없었다. 이것은 일반적으로 학자들이 보여주는 논쟁의 태도와 사뭇 다른 것이다. 학자들은 입장의 차이에도 불구하고 상호 호의적인 논평의 수준에서 외교적으로 논쟁을 마무리하는 반면 마르크스는 철저하게 입장의 차이를 대립시키고 끝까지 무엇이 옳은가를 따져 물었다. 이것은 '진리 추구'라는 학자적 태도에 부합하는 것이기는 했지만 그 논쟁의 결말은 치명적이었다. 그의 논적이 된 이상,

그 누구도 피해갈 수 없었으며 대부분 그 결말은 인간적인 유대의 단절로 끝났다. 따라서 그의 철저한 논쟁 태도는 그렇지 않아도 망명자이자 무국적자였던 마르크스를 더욱더 많은 적들에게 둘러싸이도록 했다. 그러나 그가 새로운 사상과 과학의 길을 밝히고자 결심했을 때, 이것은 이미 그 자신이 짊어져야만 했던 십자가였는지도 모른다.

마르크스는 일차적으로 헤겔 철학, 특히 청년헤겔학파와의 단절을 통해서 '유물론으로의 전환'을 이룩했다. 마르크스는 분명 헤겔의 영향을 받았으며 헤겔의 풍부한 자산을 이어받았다. 그러나 흔히 오해되듯이 마르크스가 헤겔의 제자였던 것은 아니다. 오히려 헤겔에 가까웠던 것은 청년헤겔학파였으며 청년헤겔학파보다 더 가까웠던 것은 노장헤겔학파였다. 마르크스는 헤겔의 이념적인 체계를 파괴하고 변증법을 '유물론'화함으로써 그 안에 갇혀 있었던 변증법의 풍부한 사유를 다시 '혁명'적으로 되살려냈다. 청년헤겔학파는 여전히 헤겔의 체계와 관념 안에 있었다. 그러나 마르크스는 달랐다. 그는 특히 물질적 제조건을 암시하는 헤겔의 '시민사회', '노동' 등의 개념에 주목했다. 마르크스는 이 개념들에 담겨 있는 이념의 관념적 체계를 파괴함으로써 개념들을 해방시켰다. 마르크스는 헤겔 철학 내에 있는 감성적 활동의 역할과 물질적인 조건들에 대한 사유를 통해서 헤겔 철학이 추구하는 화해의 변증법을 전복하고 '혁명적이고 실천적'인 변증법을 새롭게 창조해냈다. 1845년 『신성 가족 혹은 비판적 비판에 대한 비판』과

1846년 『독일이데올로기』, 그리고 1847년 『철학의 빈곤』은 이런 투쟁을 대표한다.

이후, 마르크스의 이론적인 작업은 '역사유물론'과 같은 과학적 사회주의 이론에 철학적 기반을 확립하는 데 있지 않았다. 오히려 그는 철학적 기반 위에서 삶인 물질적 토대를 구체적으로 분석하는 정치경제학 비판으로 나아갔다. 그러나 그의 논쟁은 지속적으로 관념적 체계나 사상으로 회귀하는 사회주의의 제반 조류들에 대항하는 투쟁이 되었다. 그는 단순히 연구만 하는 학자가 아니었기 때문에 주도적으로 혁명운동에 가담했고 혁명조직을 건설하는 일에 적극적으로 개입했다. 그는 두 번의 혁명, 1848년 독일혁명과 1871년 파리코뮌에 깊이 관여했다. 1848년 독일혁명의 과정에서 마르크스는 1846년 '공산주의자 통신위원회'를 거쳐 1847년 결성된 '공산주의자동맹'을 이끌고 '혁명적 민주주의'를 옹호하는 투쟁을 전개하였다. 우리에게 잘 알려진 『공산당 선언』은 이 당시 '공산주의자동맹'의 강령으로, 엥겔스가 초안을 잡고 마르크스가 저술했다. 그리고 두 번째로, 독·불 전쟁과 파리코뮌으로 이어지는 시기에 마르크스는 1864년 결성된 제1인터내셔널을 이끌고 이에 참여하였다. 그 후 마르크스 생전의 마지막 조직건설운동은 '독일사회민주당'의 전신이 되는 '독일사회주의노동자당'의 창당(1875년)이었다.

1883년 마르크스 사후 엥겔스는 1889년 제2인터내셔널을 창설했으며 1890년 독일사회민주당은 독일에서 성공을 거두었다. 엥겔스는 마르크스가 생전에 보지 못했지만 그의 투쟁이 뿌린 씨앗의 결실에 대해 1895년 유럽 여행 도중 다음과 같이 말했다. "마르크스는 죽었다. 그러나 지금 마르크스가 살아 있다면 그토록 긍지를 가지고 자신이 세운 생의 업적을 되돌아볼 수 있는 사람은 유럽과 미국을 통틀어 단 한 사람도 없을 것이다." 그러나 이 '영광'은 매우 혹독한 대가의 결과였다. 그는 매우 실천적이고 조직적인 문제들을 가지고 '과학적 사회주의'를 정립하는 사상투쟁을 전개해야만 했다. 그의 대표적인 논적이 되었던 사람들은 모두 사회주의 내의 한 분파를 대표하는 지도자들로서 당대를 풍미했던 영웅들이었다. 빌헬름 바이틀링과 라쌀레, 그리고 프루동과 그의 영향을 받은 바쿠닌은 모두 그 당시 사회주의 운동을 주도했던 인물들이었다. 그러나 마르크스에게 이들과의 투쟁은 피할 수 없는 운명이었다.

바이틀링은 사생아로 태어난 불운한 운명을 지닌 재단사였지만 독학을 통해 '의인동맹'의 지도적 인물이자 이론가가 되었다. 그는 '의인동맹'의 강령을 기초했지만 종교적 신비주의 경향을 가지고 있었다. 그는 프롤레타리아를 고통받는 계급으로만 볼 뿐, 그것이 지닌 독자적인 혁명적 잠재력을 보지 못했다. 그럼에도 그는 사적 소유의 지양 없이 해방은 없다고 믿었다. 그러나 노동자계급의 혁명적 잠재력에 대한 불신은 그를 광신적인 신비화로 이끌었다. 마르크스와 엥겔스는 바이틀링이 이론적 측면에서 프루동을 넘어서 "당시 프랑스의 경쟁자들과 어깨를 견주어도 될 만한 공산주의 이론가"라고 평가했다. 그러나 종교적 신비화는 노동자의 독자적인 정치적 발전이 아니라 종교적 의존과 환상을 낳을 뿐이다. 이 공상가에게 마르크스는 어느 날 토론회에서 탁자를 꽉 치며 "무지가 사람에게 유용했던 적은 결코 없었다."고 꾸짖었다. 그 후 브뤼셀 공산주의자 통신위원회에서 '진정사회주의'와 공상적 사회주의에 대한 사상투쟁이 전개되었다. 그 후 의인동맹은 최초의 혁명적 노동자 정당인 '공산주의자동맹'으로 다시 태어났다.

라쌀레와 마르크스-엥겔스의 투쟁은 주로 독일사회민주당의 창설과정과 관련되어 있었다. 라쌀레는 독일 내에서 매우 지대한 영향력을 행사하고 있었다. 라쌀레가 마르크스-엥겔스와 친분을 쌓은 것은 1848년 독일혁명부터였으며 한때 공산주의자동맹에 가담하려 한 적도 있었다. 그는 독일에서의 영향력을 활용하여 1863년 '전독일노동자협회'를 창설하고 초대 대표가 되었다. 하지만 라쌀레주의자들은 부르주아국가를 파괴하고 대체하는 것이 아니라 오히려 개혁해야 한다고 믿었다. 그는 보통선거권을 획득하고 이를 통해서 국가의 자금지원을 받아 노동자생산조합을 건설하고 프로이센 융커국가를 개혁해야 한다고 믿었다. 또한 라쌀레주의자들은 아래로부터의 민주적인 통일이 아니라 프로이센을 주축으로 한 '철혈정치'에 의한 위로부터의 통일을 주장하였다. 따라서 라쌀레는 그의 의도와 관계없이 '국가사회주의'로 빠져들고 있었다. 그는 헤겔을 좇아 인류적 이념의 구현체는 국가이며 국가에 의해서만 인류의 자유를 획득할 수 있다고 믿었다. 게다가 '전독일노동자협회'는 매우 분파적인 활동을 했기 때문에 국제적인 노동자들의 연대조직인 인터내셔널을 건설하는 데 걸림돌이 되었다. 마르크스와 엥겔스는 분파적이고 애국적인 성향을 벗어나야 한다고 생각했으며 독일 본국에서 빌헬름 리프크네히트와 아우구스트 베벨이 나섰다. 그들은 라이프찌히에 '독일노동자단체연맹'을 조직하고 1869년 아이제나흐에서 '사회민주주의노동자당'을 결성하였다. 그 후 라쌀레파와 마르크스파는 1875년 고타에서 통합을 결의하고 '독일사회주의노동자당'을 창당하였다. 그러나 여전히 라쌀레의 영향력은 강했다. 「고타강령비판」은 라쌀레적 영향을 받은 강령에 대한 마르크스의 비판적인 주석이다. 그 후 라쌀레의 영향력은 서서히 사라졌는데, 1891년 있었던 독일사회민주주의당 전당 대회에서 채택된 에어푸르트강령은 이런 투쟁의 결실이었다.

바쿠닌과 마르크스의 관계는 더욱더 기묘했다. 바쿠닌은 러시아 귀족 출신으로, 무정부주의자였으며 '파리코뮌의 후예'를 자처하는 인물이었다. 그는 한때 바이틀링과의 교분으로 의인동맹에 가담하기도 했었으며 파리에서 마르크스-엥겔스, 프루동과 교분을 쌓았다. 그는 1849년 드레스덴의 혁명 정부의 일원으로 봉기에 가담했으나 실패한 이후 프로이센 군대에 의해 체포되어 사형 선고를 받고 러시아로 인도되었다. 그러나 1857년 그는 시베리아유형지로부터 탈출하여 런던에서 반정부활동을 전개했다. 바쿠닌은 '창조'가 모든 생명의 원천이라고 믿었다. 그는 '파괴의 정열'이 창조의 정열이라고 믿었으며 어떤 형태의 긍정적인 계기들도 거부했다. 바쿠닌은 특히 '혁명이론'에서 마르크스와 대립했는데, 그들의 목표는 무정부 상태의 건설이었다. 따라서 마르크스의 프롤레타리아 독재론과 당 조직론을 거부했다. 그러나 바쿠닌은 그의 말과 정반대로 매우 권위적이고 독재적인 인물이었다. 그는 절대적인 개인의 자유와 창조적인 자발성을 숭배했지만 스스로는 프롤레타리아 혁명에서의 '인민의 지도자'를 자처했다. 즉, 그는 대중 속에서 커다란 도덕적 권위를 획득한 사람이 필요한데 그 자신이 그렇다고 믿었다. 바쿠닌은 1868년 '사회민주주의 동맹'을 창설하고 제1인터내셔널에 가입하였다. 그러나 바쿠닌의 분파적이고 권위적인 지도 방식은 국제주의에 해를 끼쳤다. 1872년 헤이그회의에서 바쿠닌주의자들은 제명되었다.

마르크스와 이들 간의 차이는 사회주의가 아니었다. 이 당시에 이미 사회주의는 많은 지식인들에게 공감을 얻고 있었다. 그러나 마르크스는 이 사회주의, 그리고 실질적인 민주주의가 건설되기 위해서는 '프롤레타리아 스스로가 정치의 주체'가 되어야 한다고 믿었다. 바쿠닌과 라쌀레 그리고 바이틀링은 '프롤레타리아가 정치적 주체'가 될 수 있는지를 의심했다. 배운 것도 없고 도덕적으로 잘 훈련된 바도 없는 프롤레타리아가 정치적 주체가 된다는 것은 현실적으로 매우 난망해 보였다. 그러나 마르크스는 프롤레타리아만이 진정한 '반자본'의 사회주의 혁명에서 주체가 될 수 있다고 믿었다. 마르크스는 지속적으로 인간의 실천은 자각된 의식이나 의지에 의해 일어나는 것이 아니라 그들이 살아가는 삶의 조건, 환경이 그들로 하여금 그렇게 행동하도록 만든다는 점, 즉 물질적 조건과 관련된 계급투쟁에 의해서 일어난다는 점을 설파하였다. 그리하여 마르크스는 계급투쟁의 선진적 분파가 사회주의적 지식인들과 하나의 통일적인 정치조직, 당을 건설해야 한다고 믿었다. 지식인들은 노동자계급을 지도하거나 지휘하는 지도부가 아니다. 오히려 지식인 또한 계급투쟁의 전선에서 훈련되고 학습되어야 하며 노동자들도 공장과 단위사업장을 벗어나 정치적으로 훈련되어야 한다고 그는 믿었다. 따라서 마르크스는 바이틀링처럼 종교적 신비의 외피를 쓰거나 라쌀레처럼 기존 국가를 이용하거나 바쿠닌처럼 그 스스로 '인민의 지도자'가 되어야 한다고 주장하는 것 모두를 격렬하게 비판했다.

공상적 사회주의는 비록 사회주의의 건설을 주장하였지만 자신을 신비화함으로써 특정한 권력에 노동자들을 종속시켰다. 비록 바이틀링과 바쿠닌은 혁명적 열정을 가진 '전사'들이기는 했지만 그 결과는 자기 자신의 숭배로 귀착되었다. 개인의 자발성과 창조성을 매우 중시한 바쿠닌은 역설적이게도 '숭배'의 대상이자 '독재자'가 되었다. 마르크스는 그것이 노동자계급의 정치적 발전을 가로막는다고 보았다. 마르크스는 '당'이라는 공식적인 정치조직으로 노동자계급이 조직될 때, '정치적 긴장과 토론'을 통한 노동자 자신의 '정치적 주체'가 형성될 수 있다고 보았다. 그래서 마르크스는 의인동맹의 회원이 되면서 "사회주의에 관한 우리의 과학적 견해가 동맹에서 공식적으로 인정되더라도 개인적으로는 절대 '숭배'의 대상이 되지 않는다."는 점을 분명하게 요청하고 모든 미신적 숭배를 조장할 만한 사항들을 정관에서 삭제하였다. 이런 점에서 마르크스는 결코 오늘날 비난하듯이 '인텔리적 혁명정당의 독재' 또는 '계몽'적 사고를 옹호하지 않았다.

물론 역사는 마르크스-레닌의 의도와 달리 스탈린 숭배, 그리고 주체사상과 같은 변질된 개인숭배를 낳았다. 그리고 결국 그 자신도 '숭배의 대상'이 되었다. 1980년대 한국에서의 마르크스주의자들 또한 이 개인숭배의 덫을 피해가지 못했다. 그러나 그것은 결코 마르크스 자신의 이론적인 오류나 사상에 의해 발생한 것이 아니다. 오히려 그것은 마르크스가 아니라 힘과 힘이 맞붙는, 그래서 힘을 결집시켜야 하는 '정치'라는 지형이 발생시키는 '이데올로기'의 독특한 기능 때문이었다. '주체라는 환상'은 자기 집단과 동족을 '시멘트'처럼 결집시키는 이데올로기적 기능을 가지고 있다. 마르크스는 이 '덫'을 인지하고 있었다. 그러나 그 또한 이 '덫'을 피해가지 못했다. 이미 그는 죽었고 사후의 역사는 그의 몫이 아니었기 때문이다. 그런 의미에서 모든 사상과 이론은 현실 속에서 언제나 '오물을 뒤집어써야 할' 운명을 타고났는지도 모른다. 그러나 어쩌면 그것은 더 나아가 유한한 삶을 살아야 하는 인간 자신의 한계인지도 모른다. 마르크스 또한 이 '한계'를 벗어날 수 없었다. 마르크스는 그 당시에 오늘날 우리가 알고 있는 것처럼 그렇게 유명하거나 강력한 힘을 지닌 정치적 지도자가 아니었다. 그를 유명하게 만들었던 것은 역설적이게도 그가 아니라 그를 '생존의 형틀'로 몰아넣었던 노동자계급의 적들과 그의 논적들이었다. '파리코뮌'이 실패한 이후 각국의 부르주아 정권들은 '비밀스럽게 배후에서 움직이는 보이지 않는 희생양'을 찾았다. 마르크스의 제1인터내셔널은 이런 희생양으로 선택되었고 각국의 언론들과 심지어 교황까지 가세하여 '코뮌나르들'을 '악마'라고 떠들어댔다. 마르크스는 그만큼 유명해졌고 세계적인 인물이 되었다.

마르크스는 비록 경제적으로 곤궁하게 살았으나 이 또한 자신의 선택이기도 했다. 그는 세 번에 걸쳐 상당한 액수의 유산을 받았다. 자신과 예니의 어머니가, 그리고 그의 먼 친척이 그에게 유산을 남겼다. 그러나 그는 그 유산을 1848년 독일혁명에서 『신라인신문』과 제1인터내셔널의 건설, 그리고 '파리코뮌'의 실패 이후 망명한 코뮌나르들을 위해 썼다. 그는 후에 둘째딸의 남편이 된 폴 라파르그에게 '혁명투쟁에 전재산을 받친 것을 후회하지 않는다.'고 했다. 아마도 마르크스가 무수히 많은 적들에 둘러싸여 있으면서도 인류 역사상 대변혁의 사상적 전환을 이룩해 낼 수 있었던 것은 무엇보다도 불굴의 의지와 인류에 대한 사랑, 그리고 가족의 희생과 엥겔스의 우정이었을 것이다. 사실, 다른 모든 저작들이 그러하듯이 『자본』은 마르크스 개인이 쓴 책이 아니라 그의 가족과 엥겔스의 공동 저작이었다. 예니를 비롯해 모든 마르크스의 가족들은 일상적으로 정치적이고 이론적인 논쟁들을 했으며 함께 마르크스의 저술을 읽고 조언을 해 주었다. 특히 막내딸 엘레노어는 마르크스를 가장 많이 닮았을 뿐만 아니라 이후 여류문필가이자 정치가로 활약했다. 막내딸을 제외하고 그의 딸들은 모두 코뮤나르들과 결혼했다. 파리코뮨에 참가했던 코뮤나르들은 잠시 몸을 피해 마르크스 집에 은신해 있었는데, 이때 예니는 샤를르 롱게와, 라우라는 폴 라파르그와 밀접한 관계를 맺기 시작했다.

어쨌든 마르크스는 인간으로서 가장 힘든 최악의 선택들을 했다. 그러나 그 '벗어남'의 선택이 오늘날 마르크스를 있게 했다는 것은 분명하다. 비록 인생의 가장 어려운 시기와 최악의 조건 속에서 쓰라린 배신과 아픔을 겪어야 했지만 그의 가족은 그의 사랑 안에 함께 있었다. 그리고 비록 그의 일생에서 그 자신이 그만한 영예와 영광을 누린 적은 없었지만 엥겔스가 말했듯이 그들은 결코 '헛되게 산 것은 아니었다.' 그럼에도 불구하고 마르크스는 여전히 한 시대를 산 '인간'이었을 뿐이다. 오늘날 마르크스는 분명 인류의 좌표를 밝혀주는 등불임에 틀림없다. 그러나 그것은 한 인간으로서 마르크스의 삶에 깊게 패인 상처와 함께 주어진 것이다. 어쩌면 그것이 인간으로서 지닐 수밖에 없었던 근본적인 한계, 그의 역사유물론이 밝혀주었듯이 사회적이고 역사적인 한계 안에서 살아갈 수밖에 없는 미약한 인간이라는 존재의 근원적 한계인지도 모른다. '이카로스'는 태양을 향해 날아오르기 위해 밀랍으로 날개를 만들었다. 마르크스는 인간의 해방을 위해 노동자계급의 투쟁에 온 몸을 던지고 그 투쟁 속에서 미래를 향해 날아오를 수 있는 진리의 혜안이라는 날개를 달아 주었다. 그러나 마르크스 이후의 마르크스주의는 이 날개를 사회적이고 역사적인 계급투쟁 속에서 새롭게 창조해 가지 못했다.

그의 후예는 마르크스주의의 이름으로 '이성의 화신'을 자처했고 스탈린주의로 고착된 마르크스주의는 노동자계급의 투쟁으로부터 자신을 혁신하는 것이 아니라 오히려 노동자·민중의 삶을 재단하고 자신을 또 다른 '권력'으로 만들어왔다. 이카로스의 날개는 강렬한 태양열에 녹아내렸고 현실사회주의권은 '해체'의 길을 향해 갔다. 마르크스가 꿈꾸었던 시대를 앞선 미래의 등불은 어쩌면 인간의 한계를 뛰어넘는 '초월의 꿈'이었는지도 모른다. 그 자신도 자신의 생애에 그 미래를 볼 수 없다는 생각을 했을 것이다. 그러나 마르크스는 그 길을 갔다. 자신의 시대적인 한계와 사회적인 한계를 뛰어넘어 '인류의 미래'를 예비하고자 했다. 어쩌면 그것은 무모한 도전이었고 그 도전이 그의 모든 비극을 잉태했는지도 모른다. 그러나 만일 그가 역사와 시대의 한계를 뛰어넘어 인류의 미래를 밝히고자 하지 않았다면 그는 없었을 것이다. 이런 의미에서 유한한 인생을 살면서 그것을 넘어서 '이카로스의 날개'를 달고 날아오르고자 했던 것은 마르크스 자신의 비극이 아니라 인간 모두의 비극인지도 모른다. 결코 자신의 삶을 평탄하게 누리지 않았지만 인간으로서 인간의 미래를 밝히고자 했던 마르크스는 자유라는 인간의 본질을 실현한 위대한 현인이었다. 마르크스는 죽었지만 내일은 여전히 '마르크스'다. 그리고 그 '마르크스'의 도래를 준비하는 자들은 마르크스 자신이 말했듯이 계급의 투쟁 전장 위에 있을 것이다.

프랑스엔 〈크세주〉, 일본엔 〈이와나미 문고〉,
한국에는 〈살림지식총서〉가 있습니다.

📖 전자책 | 🔍 큰글자 | 🔊 오디오북

칼 마르크스

| 펴낸날 | 초판 1쇄 2005년 5월 10일 |
| | 초판 6쇄 2023년 3월 30일 |

지은이	박영균
펴낸이	심만수
펴낸곳	(주)살림출판사
출판등록	1989년 11월 1일 제9-210호

주소	경기도 파주시 광인사길 30
전화	031-955-1350 팩스 031-624-1356
홈페이지	http://www.sallimbooks.com
이메일	book@sallimbooks.com

| ISBN | 978-89-522-0371-7 04080 |
| | 978-89-522-0096-9 04080 (세트) |